Bewusstsein, Zeit und Symmetrien

Siegfried Genreith

Bewusstsein, Zeit und Symmetrien

Eine Reise durch die Gebiete des menschlichen Wissens
zu den Ursprüngen von Intelligenz und Bewusstsein

Siegfried Genreith studierte Mathematik an der Universität Köln. Während seiner beruflichen Karriere bei einem weltweit führenden IT-Konzern entwickelte er unter anderem Anwendungen im Bereich Künstlicher Intelligenz seit den späten 1980er Jahren. Das Studium der wissenschaftlichen Grundlagen von Intelligenz und Bewusstsein wurde für viele Jahre seine Passion. Siegfried Genreith hat drei erwachsene Kinder und lebt in der wunderschönen Landschaft der Eifel.

1. Auflage 2010

2. überarbeitete Auflage 2011

3. überarbeitete Auflage 2018

Bibliografische Information der Deutschen Nationalbibliothek:

Die Deutsche Nationalbibliothek verzeichnet diese Publikation

in der Deutschen Nationalbibliografie; detaillierte bibliografische

Daten sind im Internet über dnb.d-nb.de abrufbar.

© 2010, 2011, 2018 Siegfried Genreith

Herstellung und Verlag:

BoD - Books on Demand, Norderstedt

ISBN 978-3-7460-6726-1

Vorwort

Es war der erste Hype, an den ich mich erinnere und der mein Berufsleben an seinem Anfang geprägt hat. Er entstand mit dem Aufkommen der Personal Computer in den achtziger Jahren rund um die künftigen Möglichkeiten immer höherer Rechnerleistungen. Auch diese Blase wurde genährt durch Erwartungen von Kaufleuten und Investoren, die keinen wirklichen Bezug zu dem Thema hatten, in das sie investierten. Basierend auf Vermutungen und Fehleinschätzungen schaukelten sie sich gegenseitig in ihren Träumen um exorbitante Gewinne hinauf in schwindelnde Höhen. Jeder wollte, jeder musste dabei sein. Wer sich als Manager oder Investor dem Sog widersetzte, lief Gefahr, als rückständiger Spinner betrachtet zu werden. Im Vergleich zu den Blasen, deren Platzen seither immer einmal wieder Wirtschaft und Finanzmärkte erschüttern, war dies allenfalls eine unauffällige Ausbeulung in den Erwartungen vieler Menschen weltweit. Zunächst ein Thema für Wissenschaftler, Entwickler, Programmierer, flossen vor allem in der zweiten Hälfte des Jahrzehnts erhebliche Investitionen der Wirtschaft in dieses Segment. Die "Artificial Intelligence" – "Künstliche Intelligenz" (KI) in der deutschen Übersetzung – erhob den Anspruch, menschliches, intelligentes Entscheidungsverhalten auf Automaten zu übertragen.

Als die Blase Anfang der neunziger Jahre platzte – mit Firmenpleiten und abgeschriebenen Investitionen in erheblichem Umfang – wurde klar, dass man von diesem selbst gesteckten Ziel weit entfernt war. Offenbar lag die wahre Natur echter intelligenter Informationsverarbeitung noch im Dunkel. Was nach dem Hype blieb war ein Fundament aus Methoden und IT-Architekturen, das bis heute die Entwicklung moderner Software prägt: Objektorientierung, regelbasierte Systeme, Integration verteilter Komponenten über Ereignisse und Nachrichten sind nur einige Elemente daraus, die immer noch Kennzeichen guten Programmdesigns sind.

Bis heute – über zwanzig Jahre danach – wurden keine fundamentalen Fortschritte erzielt im grundsätzlichen Verständnis natürlich intelligenten Handelns. Zwar sind die Rechner um Zehnerpotenzen schneller als damals und ermöglichen den Betrieb immer komplexerer KI-Modelle. Die Robotik hat mit der schnell voranschreitenden Miniaturisierung immense Fortschritte gemacht. Die Linguistik ist Welten vom damaligen Zustand entfernt. Heute ist man in der Lage, die Komplexität eines Katzenhirns in einem IT-System zu simulieren, das menschliche Gehirn ist in Reichweite. Der ursprüngliche Anspruch aber, damit echte Intelligenz oder eigenständiges Bewusstsein zu schaffen, wurde leise fallen gelassen und ist heute eher ein Unthema, mit dem ernsthafte Wissenschaftler sich nicht befassen sollten. Bewusstsein als zentrales Thema zu diskutieren ist heute nur in Philosophie, Psychologie oder Theologie möglich.

Der Versuch einer fundamentalen Auseinandersetzung mit dem Phänomen Intelligenz wurde auch von den Naturwissenschaften gemacht mit ähnlich frustrierenden Ergebnissen wie in der Informatik. Wie entsteht Intelligenz? Ist dies ein Ergebnis bloßer Komplexität oder fehlt noch Grundsätzliches im Modell? Gibt es im naturwissenschaftlichen Sinne überhaupt so etwas wie Bewusstsein? Weltbekannte Wissenschaftler wie Werner Heisenberg, Wolfgang Pauli, Niels Bohr, Erwin Schrödinger und Albert Einstein pflegten noch bis in die fünfziger Jahre des letzten Jahrhunderts hinein einen regen Austausch in solch fundamentalen Fragen unserer Existenz.

Um im Verständnis intelligenten Handelns substantiell voranzukommen reicht es offenbar nicht, vorhandene Modelle weiterzuführen. In allen hierbei relevanten Wissenschaften sind Vorstellungen und Verfahren zu hinterfragen – und dies in sehr grundsätzlicher Weise.

Ich nehme sie mit auf eine Reise durch verschiedene Disziplinen menschlichen Wissens, stelle offene Fragen heraus, weise auf Widersprüche hin, und füge die Puzzle-Steine aus vorliegendem Wissen in ein neues, erstaunliches Bild von Intelligenz, Bewusstsein und der Realität um uns herum.

Leider lässt es sich nicht vermeiden, dass der Weg dorthin an einigen Stellen steinig und steil wird und dem Leser einiges abverlangt. Überall dort, wo die Zumutbarkeitsgrenze überschritten zu werden droht, weise ich sie auf Abkürzungen hin, die sie nehmen können, ohne zu viel an Verständnis dadurch einzubüßen. In jedem Fall sollten die Dialoge zwischen S. und W. allgemein verständlich sein, die in den meisten Kapiteln auf anschauliche Weise an die jeweilige Fragestellung heranführen. Das

Thema insgesamt ist sehr komplex und Vereinfachungen stoßen manchmal an Grenzen, jenseits derer die dort vermittelten Bilder irreführend
und letztendlich sogar falsch wären.

Deshalb bitte ich sie schon jetzt um Nachsicht für alle Zumutungen,
mit denen ich sie möglicherweise auf dem Weg konfrontiere.

Nideggen, im Januar 2018   Siegfried Genreith

Inhaltsverzeichnis

Abbildungsverzeichnis

Künstliche Intelligenz

Der Hype

Es war ein spannender Aufbruch. Mitte der achtziger Jahre war die Zeit der Commodore 64, Amiga und Atari Konsolen, Bastler schraubten und löteten rund um den SC/MP Mikroprozessor im Ein-MHz-Takt, Sinclairs ZX80 war noch präsent und Elektronikzeitschriften veröffentlichten Schaltpläne für den Selbstbau. Personal Computer begannen sich gerade zu etablieren – obwohl vergleichsweise noch extrem teuer[1] – und läuteten das Ende der Vorherrschaft für Großrechner und hochpreisige Workstations ein.

Viele kreative Köpfe befeuerten mit neuen Ideen die Ausweitung der Einsatzmöglichkeiten für diese Rechner. Eine dieser Einsatzszenarien waren KI[2]-Anwendungen. Nach ersten publikumswirksamen Erfolgen in der zweiten Hälfte des Jahrzehnts witterten auch etablierte Firmen wie IBM oder Hewlett Packard (HP) Geschäftschancen und investierten erhebliche Mittel in den Aufbau entsprechender Entwicklungs- und Vertriebsteams.

Ende der Achtziger war ich als junger Mitarbeiter im technischen Vertrieb mit dem Thema „Regelbasierte Systeme" bei Banken und Sparkassen im Nordwesten Deutschlands unterwegs. Ich hatte die Entwicklung in anderer Funktion schon längere Zeit verfolgt und dann nachdrücklich eine entsprechende Stelle im eigenen Unternehmen gesucht. Als Mathematiker faszinierte mich die Thematik so sehr, dass ich dafür zunächst auch finanzielle Einbußen akzeptierte. Zu diesem Zeitpunkt hatte ich die Prinzipien Neuronaler Netze und regelbasierter Expertensysteme schon weitgehend verinnerlicht. In meiner freien Zeit hatte ich mich mit der hauseigenen Software vertraut gemacht.

Jetzt faszinierte mich die Umsetzung in Projekten mit unseren Großrechnerkunden – Banken, Sparkassen, Volksbanken und deren Rechenzentren. Projekte gab es genug und eine Menge Arbeit. KI war ein ech-

---

1   Ein typischer IBM PC mit 512 KB RAM und 10 MB Festplatte kostete je nach Ausstattung zwischen 10.000,- und 30.000,- DM
2   KI = Künstliche Intelligenz

tes Hype-Thema, mit dem sich auch Bankvorstände gerne schmückten. Jeder wollte irgendwie dabei sein und die KI-Fahne als Inbegriff für Innovationsfähigkeit hoch halten. Eine meiner ersten Aufgaben war die Konzeption und Erstellung eines regelbasierten Expertensystems zur Anlageberatung von Privatkunden einer großen Sparkasse im Rheinland. Andere Themen betrafen die Händlerunterstützung durch automatisierte, regelbasierte Kauf- und Verkaufsentscheidungen im Eigenhandel der Bank, oder die Beratung für Firmenkunden einer Bankengruppe zur optimalen Nutzung regionaler und überregionaler Fördermittel. Manchmal spannender noch als die Umsetzung daran waren für mich die vielen Kontakte und Interviews mit Mitarbeitern der Beratungsbereiche. Obwohl diese Anwendungen angesichts des Anspruchs der KI vergleichsweise trivial ausfielen, war das Interesse riesig. Ich selbst war auf Messen wie der ORGATEC in Köln und der Bankensonderschau der CeBIT in Hannover mit meinem Ausstellungspunkt rege gefragt und zeigte dort jeweils tagelang Anlageberatung mit Expertensystemen. Resultate waren neben neuen Projektansätzen diverse Fachartikel und Vorträge an Universitäten über Erfahrungen in der Wirtschaft[1].

Keines dieser Projekte kam auch nur in die Nähe von etwas, dass man als intelligentes System bezeichnen könnte. Es ging um die Automatisierung mehr oder weniger komplexer Entscheidungen in einem eng begrenzten Sachgebiet. Das war machbar, wenn auch die Abrechnungsmodelle der durch kaufmännische Anwendungen geprägten Großrechner zu extrem hohen Nutzungsgebühren für diese eher untypischen Arbeitslasten führte. Letztendlich waren diese Ansätze aus Kostengründen dann auch kaum wirtschaftlich betreibbar.

Intelligenz und Bewusstsein

Der internationalen KI-Gemeinschaft ging es allerdings tatsächlich um nicht weniger als die Erschaffung selbständig intelligenten Verhaltens in Computersystemen. Frühe Erfolge seit 1960 schienen diese Erwartung zu rechtfertigen[3]. Zu der Zeit durften noch Wissenschaftler aller Fachrichtungen offen über Bedingungen sprechen, unter denen Intelligenz und Bewusstsein in künstlichen Systemen entstehen können, ohne

---

3   Siehe z.B. Wikipedia http://de.wikipedia.org/wiki/Künstliche_Intelligenz

ihren Ruf zu gefährden und sich der Lächerlichkeit preis zu geben. Der Begriff „Bewusstsein" wurde und wird je nach persönlichem Hintergrund und Absichten sehr unterschiedlich gedeutet. Eine belastbare, allgemein akzeptierte Definition für Bewusstsein gibt es bis heute nicht, was nicht verwundert. Dazu müsste ein umfassendes Modell einen geeigneten Bezugsrahmen herstellen. Von so etwas sind wir in den exakten Wissenschaften, und nur die können heute als breit akzeptiert angesehen werden, weit entfernt. Solche Modelle finden wir nur – dafür aber in reichlicher Zahl und oft einander widersprechend – in Religion, Philosophie oder Psychologie[4].

Ob eine Maschine intelligent ist, lässt sich nur an ihrem Verhalten ablesen. Der Turing Test[2] beschreibt eine Dialogsituation, in der ein menschlicher Fragesteller zwei Dialogpartner nur über Bildschirm und Tastatur erlebt. Jeder dieser Partner – der eine ein Mensch und der andere eine Maschine – verfolgt dabei das Ziel, den Frager über die eigene Identität zu täuschen. Kann der Fragesteller nachher nicht entscheiden, wer von beiden Partnern die Maschine ist, dann muss die Maschine als intelligent angenommen werden. Diese Anforderung zu erfüllen scheint für realistische Systeme eher erreichbar, obwohl bis heute noch keine Maschine selbst diesen Test bestanden hat.

Tiefe Einblicke in das Wesen von Intelligenz und Bewusstsein versprachen erfolgreiche und vom interessierten Publikum viel gelesene Bestseller wie etwa „Gödel Escher Bach – Ein Endloses Geflochtenes Band" [3]oder speziellere Veröffentlichungen wie „Conceptual Structures" [4].

Die hoch fliegenden Konzepte umzusetzen traten LISP oder Prolog als typische Programmiersprachen der Künstlichen Intelligenz an. Solche Programme auszuführen war angesichts von üblichen Taktfrequenzen der Prozessoren im einstelligen MHz– und Speicher oft noch im Kilobyte–Bereich für wirtschaftlich nutzbare Systeme ein ambitioniertes Unterfangen. Ich selbst habe zu dieser Zeit vor allem mit regelbasierten Expertensystemen auf Mainframes[5] gearbeitet. Auf der anderen Seite stand mir damals ein IBM Portable P70-386[6] zur Verfügung. Aus heuti-

---

4 Siehe z.B. Wikipedia http://de.wikipedia.org/wiki/Künstliche_Intelligenz
5 Großrechner in einer von IBM entwickelten Bauart
6 gerne auch „Schleppable" genannt, fast 10kg schwer und ausgestattet mit 60 MB RAM, 2MB

ger Sicht ist verblüffend, dass ich damit tatsächlich in leistungshungrigen Sprachen wie Prolog oder LISP entwickeln und neuronale Netze trainieren konnte. Das spricht eindeutig für die unglaubliche Effizienz alter Betriebssysteme. Die Träume von intelligenten Systemen traten in meiner Praxis sehr schnell zurück hinter so pragmatische Zielsetzungen, wie denn überhaupt anspruchsvolle KI-Anwendungen mit den sehr beschränkten Ressourcen umsetzbar waren.

Kritische Stimmen wurden in Zeiten allgemeinen Positivismus am liebsten ignoriert. So versuchte sich Roger Penrose – den auch ich erst lange nach dieser Zeit zur Kenntnis nahm – in „The Emperor's New Mind"[5] an einem mathematischen Beweis, dass so etwas wie Bewusstsein prinzipiell nicht in herkömmlichen Computern abbildbar ist. Das gelang sogar recht überzeugend, wenn man Penroses Annahme akzeptiert, dass bewusstes Handeln die dort geforderten Möglichkeiten tatsächlich voraussetzt. Darunter sah er einen fundamentalen Selbstbezug, den er nur bewusstem Handeln zu schrieb. Er orientierte sich stark an einer frühen Arbeit von Kurt Gödel über die Unentscheidbarkeit in formalen Systeme[6]. Darin beschreibt der Mathematiker Gödel, dass vollständige formale Systeme immer widersprüchlich sind. Im Umkehrschluss heißt das, dass widerspruchsfreie formale Beschreibungen, die wir in den Naturwissenschaften eigentlich anstreben, immer unvollständig sein müssen, also eine bestimmte Klasse von Sachverhalten nicht auszudrücken vermögen.

Penrose legte dann in den Neunzigern noch einmal nach mit „Shadows of the Mind"[7], um die inzwischen von Gegnern vehement vorgetragenen Argumente zu entkräften und einige Dinge richtig zu stellen. Als international renommierter theoretischer Physiker stellte er Bewusstsein auch in einen engen Zusammenhang mit der Quantenmechanik und erntete damit Anerkennung und Kritik. Für lange Zeit hat auch er das Thema danach vermieden und erwähnte es in seinem letzten großen Werk „The Road to Reality" nicht einmal mehr. Erst in jüngerer Zeit greift er Bewusstsein als quantenmechanischen Effekt wieder offensiv auf.

Das Ende des Hype kam Anfang der neunziger Jahre so, wie wir seither das Platzen vergleichsweise sehr viel größerer Erwartungsblasen er-

Hauptspeicher und dem IBM Betriebssystem OS/2

leben. Die großen IT Firmen zogen ihr Engagement zurück und schrieben ihre erheblichen Investitionen ab. Kleinere Firmen gingen unter, wenige überlebten mit spezialisierten Angeboten, etwa im Bereich der Software-Entwicklung und Methoden. Ich persönlich war damit auch gezwungen, mein Betätigungsfeld zu verlagern und kümmerte mich zunächst für einige Jahre um die Entwicklung fortschrittlicher Systeme für die Kundenselbstbedienung in Banken − für mich als Mathematiker interessant wegen der damit verbundenen kryptografischen Anforderungen an PIN-Verschlüsselung und Geldkarte. KI war für die breite Anwenderschaft an ihrem ursprünglichen Anspruch gescheitert.

Was blieb − und heute selbstverständlich ist − sind die Methoden und Verfahren zur objektorientierten Programmierung, die Nutzung nachrichtenbasierter Infrastrukturen zur Integration heterogener Systeme, die selbstverständliche Einbettung regelbasierter Module in Systeme von der Armbanduhr über Netzwerk-Router bis hin zur Steuerung komplexer Arbeitsabläufe in Unternehmen u.v.a.m. . Ich persönlich habe die KI am Rande weiterverfolgt wie eine Alte Liebe. Erst vor einigen Jahren begann ich, mich wieder systematisch mit dem Thema KI, Intelligenz und Bewusstsein zu befassen und habe eigene Modelle aus einer interdisziplinären Sicht entwickelt. Dazu später mehr.

KI-Erfolge

Heutige Anwendungen der KI konzentrieren sich auf Bereiche wie Simulation, Robotik, Sprachverständnis, Mustererkennung, wissensbasierte Systeme und Spiele. Unsere Technik hat in den letzten 20 Jahren unglaubliche Fortschritte gemacht, die sich damals niemand hätte träumen lassen. In Anlehnung an den Rechner „Deep Thought" aus „Per Anhalter durch die Galaxis", der auf die allgemeine Sinnfrage nach Millionen von Jahren mit „42" antwortet, nannte IBM einen Rechner „Deep Blue". Der brauchte deutlich weniger Zeit und konnte mit differenzierteren Antworten aufwarten, hatte aber auch konkretere Fragen zu beantworten: Er schlug 1997 den amtierenden Schachweltmeister unter Wettkampfbedingungen und war damit die erste Maschine, der so etwas gelang. Dabei glaubte der unterlegene Garri Kasparow in einigen Zügen des Systems menschliche Genialität aufblitzen zu sehen, die unmöglich einer „dummen" Maschine innewohnen könnte. Inzwischen ist klar, dass gerade Schachcomputer aufgrund ihrer Arbeitsweise ungeeignet sind, menschliche Intelligenz nachzuempfinden.

Ähnliches gilt für die aktuellen KI-Systeme von Google, Amazon, Microsoft, IBM, u.a.. Deren Leistungen sind in der Tat beeindruckend. Genaugenommen konzentrieren diese sich vor allem auf ein Sprachverständnis, verbunden mit der Verarbeitung gewaltiger Datenmengen aus unterschiedlichsten Quellen und entfernen sich damit eher wieder von der idealen Vorstellung intelligenten Handelns. Alle Eigenschaften auch dieser Systeme der neuesten KI-Generation sind in irgendeiner Weise von ihren Entwicklern vorausgedacht und haben insofern mit echter Intelligenz eher wenig zu tun.

Am 18.11.2009 lief eine Erfolgsmeldung durch die Presse: IBM hatte auf der Supercomputer-Konferenz SC09 ein System aus der „Blue Gene" Reihe vorgestellt, mit dem die Komplexität eines Katzenhirns simuliert wurde[7]. Aus technischer Sicht ist damit die Abbildung eines menschlichen Gehirns durchaus in Reichweite. Die Frage ist immer noch strittig, ob alleine Komplexität und Organisation das Geheimnis selbständiger Intelligenz sind und damit plötzlich der „göttliche Funke" zündet. Genau das war die offen ausgesprochene Annahme der alten KI-Gemeinde bis in die Neunziger Jahre des letzten Jahrhunderts.

Heute wird eher eine Position von Roger Penrose akzeptiert: Komplexität alleine ist vermutlich nicht ausschlaggebend. Schon einer Katze muss man eigenständiges Bewusstsein zuschreiben in dem Sinne, dass das Tier eine konkrete Vorstellung seiner selbst hat. Das wurde in Verhaltensexperimenten überzeugend nachgewiesen. Trotzdem macht eine entsprechend komplexe Maschine keine Anstalten, selbständig eigene Ziele zu entwickeln und zu verfolgen oder diese selbstbezügliche Grenzenlosigkeit zu zeigen, die Penrose echtem intelligenten Handeln zuschreibt und auch Hofstadter in seinem frühen Bestseller beschreibt. Und es ist überhaupt nicht klar, wie das denn prinzipiell zu erreichen wäre. In Bezug auf Bewusstsein herrscht trotz bekannter Einwände wohl noch immer mehrheitlich die unausgesprochene Hoffnung, dass so ein Effekt plötzlich auftreten wird – in genügend komplexen Maschinen

---

7   z.B.
    http://www.tecchannel.de/pc_mobile/news/2023887/ibm_katzensprung_in_richtung_gehirn_computer/

mit einer der Natur genügend genau nachempfundenen Organisation. Ich hege daran erhebliche Zweifel.

Man muss festhalten, das die Informatiker seit der Mitte des letzten Jahrhunderts keinerlei Fortschritte gemacht haben im grundsätzlichen Verständnis natürlichen, intelligenten Handelns. Stand des Wissens ist heute, dass man entweder weiter an die These der Emergenz[8] von Bewusstsein im Rahmen der vorhandenen Technik und Erkenntnisse glaubt, oder aber von diesem Ziel abschließend Abstand nimmt – letztendlich eine Glaubensfrage. Trotzdem sind die entwickelten Techniken und Methoden zweifellos hilfreich, intelligentes Handeln zu beschreiben, grundlegende Prinzipien für Entscheidungsprozesse nicht nur zu verstehen, sondern auch experimentell auszuwerten.

Meine persönliche Erwartung ist, das die Erkenntnisse aus der Entwicklung von KI-Systemen wichtige Bausteine sein werden, um ein zukünftiges Modell für Intelligenz und Bewusstsein zu schaffen. Die Situation in der Informatik zu diesem Thema ähnelt stark vergleichbaren Ansätzen in anderen Fachbereichen: Nach anfänglich ermutigenden Fortschritten stecken wir zum Thema Intelligenz und Bewusstsein in jedem einzelnen mir bekannten Forschungsbereich in einer Sackgasse, die keine weiteren substantiellen Fortschritte erwarten lässt. Diese Anfänge liegen dabei jeweils einige Jahrzehnte bis hin zu einigen Jahrtausenden zurück. Es fehlen fundamental andere Modelle. Bis heute werden lediglich lange bekannte Ansätze über die Jahre fortgeführt und verfeinert. Trotzdem denke ich, dass wir insgesamt die wichtigsten Teile eines Puzzles schon in Händen halten und sie nur intelligent und unvoreingenommen zusammenfügen müssen. Einen Ansatz dazu werde ich später vorstellen und diskutieren.

Agenten

Zwei Aspekte möchte ich herausgreifen, die aus meiner Sicht von besonderer Bedeutung sind: Zum Einen ist dies die Robotik im spielerischen Sinn, wie sie etwa bei den RoboCup[9] Veranstaltungen gepflegt

---

8   Emergenz ist das Entstehen von Formen im großen Maßstab alleine aufgrund der Eigenschaften der (kleinen) Bestandteile. Kristallformen etwa spiegeln die Eigenschaften der Moleküle wider, aus denen sie bestehen.
9   Siehe z.B. Wikipedia http://de.wikipedia.org/wiki/Robocup

wird. Zum Anderen sind das Systeme unabhängiger Software-Agenten, die beispielsweise zur Simulation und zu Optimierungsaufgaben in hoch parallelen Systemen herangezogen werden. In beiden Fällen geht es um die Verfolgung gemeinsamer Ziele im Schwarm.

Roboter als Fußballspieler stellen enorme Anforderungen an Lernfähigkeit, Mustererkennung, Interaktion mit einer realen Umgebung, und an Koordination mit Aktivitäten einer Gruppe. Im Grunde finden alle heute wichtigen Teildisziplinen der KI hier ein Spielfeld im wahrsten Sinne des Wortes. Zurecht werden diese Veranstaltungen als publikumswirksamer Prüfstein für den Stand der Technik der KI insgesamt gesehen.

Wegen der noch erheblichen Probleme, die reale Roboter mit grundlegenden Bewegungs- und Wahrnehmungsprozessen haben, werden für Wettkämpfe auch Simulationen herangezogen. Dabei sind die Spieler nur noch Programme, die auf einem virtuellen Spielfeld eigenständig agieren. Das Spiel findet dann innerhalb eines Computers oder eines Netzwerk mehrerer Rechner statt. Solche virtuellen Spiele sind weit weniger spektakulär als die mit echten Robotern. Man sieht leider nicht unbedingt, was passiert, es sei denn, der Verlauf wird grafisch aufbereitet und live auf einem Bildschirm dargestellt. Dafür sind diese Spiele aber wichtiger für fundamentale Fortschritte der KI, deren Erkenntnisse gerade hier die konsequenteste Umsetzung erfahren.

Die Spieler nennt man oft „Agenten" und das Spielfeld bezeichnet man manchmal als „Schwarzes Brett". Darauf vermerken die Agenten alles, was sie tun, im Falle des Fußballspiels also beispielsweise ihre aktuelle Position, ihre Geschwindigkeit und ob sie im Ballbesitz sind. Umgekehrt können sie alle anderen Informationen dort lesen, wissen also über diesen Umweg, wo die anderen Spieler sich befinden und wie diese sich bewegen und wer den Ball hat. Die Agenten selbst können logische Schlüsse ziehen – das macht ihr Programm – und können ein eigenes, privates Gedächtnis haben – also irgendwelche Daten für den eigenen Gebrauch speichern. Sie könnten sich zum Beispiel in jedem Schritt das gesamte Spielfeld im privaten Speicher ablegen und sich so „erinnern" an den bisherigen Spielverlauf. Gleichzeitig brauchen die Agenten eine Rückmeldung aus dem Spiel, die ihnen sagt, ob eine Aktion den Spielverlauf für die eigene Mannschaft positiv beeinflusst oder nicht: Tore fallen selten nur zufällig und dann oft für die falsche Mannschaft. Wenn die Agenten hier über ein eigenes Gedächtnis verfügen, können sie durchaus diese Rückmeldung aus einem eigenen privaten Modell des Spielfelds selbst herleiten.

Es gibt keine Unterscheidung in der grundsätzlichen Funktionsweise zwischen Robotern und Software-Agenten. In beiden Fällen handeln und entscheiden selbständige Einheiten, eingebettet in eine Umgebung, die sie wahrnehmen, geleitet durch ein Ziel zur Veränderung dieser Umgebung. Typischerweise unterstellt man Robotern, in einer realen Umgebung – im obigen Beispiel das Fußballfeld, die Mitspieler und die Gegner – als real anfassbare Maschinen zu handeln, während Software-Agenten meist in einer virtuellen Umgebung existieren, die man nur etwa auf einem Monitor optisch aufbereiten und zeigen kann. Die Übergänge sind gleitend.

Andererseits können auch Roboter etwas sehr Einfaches sein: Beispielsweise muss dieser Definition zufolge ein einfaches elektronisches Thermostatventil als Roboter bezeichnet werden. Es nimmt in einer realen Umgebung ein Signal – Temperatur – auf und regelt einen Warmwasserstrom entsprechend ab oder auf, um eine voreingestellte Solltemperatur zu erreichen.

Damit ist dann auch der einfachste Typ eines Agenten beschrieben. Ein solcher, sogenannter reaktiver oder zustandsloser Agent[10] verfügt nicht über ein eigenes Gedächtnis (siehe Abbildung 1). Er entscheidet nur aufgrund seiner Wahrnehmung der Umgebung zu einem Zeitpunkt über

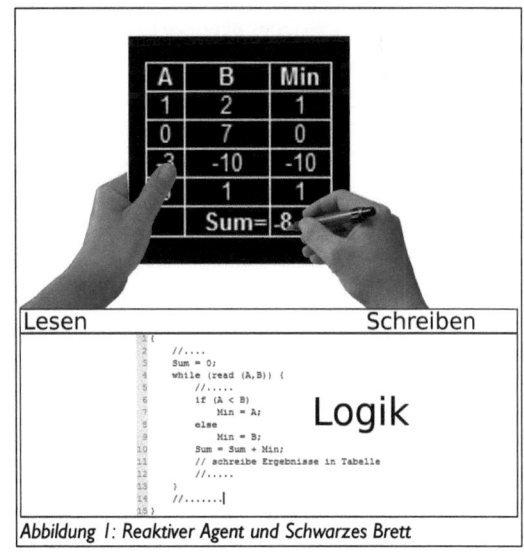

Abbildung 1: Reaktiver Agent und Schwarzes Brett

---

10 Reaktive Agenten sind solche ohne eigenes Gedächtnis, während kognitive Agenten über ein solches verfügen.

seine jeweilige Aktion, die dann im Allgemeinen diese Umgebung – das Schwarze Brett – verändert. Diese ist das Gedächtnis des Schwarms. Ein solcher Agent kann als Individuum nicht lernen und keine eigene Erfahrung zu Entscheidungen heranziehen. Dass so ein einfaches Konstrukt keinerlei Verhalten an den Tag legt, das man auch nur ansatzweise als intelligent bezeichnen könnte, liegt auf der Hand. Die begründete Annahme hierbei ist, dass Intelligenz im Zusammenspiel vieler dieser Agenten mit ihrer Umgebung entsteht. Das ist auch durchaus plausibel. Unser Gehirn beispielsweise produziert unzweifelhaft intelligentes Verhalten. Wenn wir seine Funktion herunter brechen bis auf einzelne Neuronen, dann haben wir vergleichsweise sehr einfache Individuen vor uns, die im Grunde nur den eigenen elektrochemischen Zustand und den ihrer nächsten Umgebung wahrnehmen und darauf eigenständig reagieren. Würde man die Funktion des Gehirns weiter herunterbrechen, kommt man irgendwann in atomare Dimensionen, in denen dann quantenphysikalische Vorgänge relevant werden. Und solche Teilchen im quantenphysikalischen Sinne haben zwar einen eigenen veränderlichen Zustand, aber keinerlei Gedächtnis über frühere Zustände.

Vernünftig organisierte Systeme unabhängiger reaktiver Agenten erscheinen als ein erfolgversprechender Ansatz, intelligentes Verhalten einer Gruppe oder eines Schwarms (=große Gruppe) zu simulieren und entsprechen darin dem heutigen Stand der Wissenschaft. Diese Möglichkeit wird in der Biologie rege genutzt, um die Regeln natürlichen Schwarmverhaltens zu erforschen. Auch werden solche Systeme heute erfolgreich eingesetzt bei Optimierungsproblemen etwa in der Logistik, wenn eine Spedition die Fahrten und Beladungen einer LKW-Flotte zu geringst möglichen Kosten plant.

Bankagenten

An einem Beispiel will ich die Arbeitsweise eines solchen Systems erläutern. Stellen Sie sich vor, eine Bank wertet die ihr vorliegenden Kundendaten aus. Sie möchte eine begrenzte Anzahl von in sich homogenen Kundengruppen ermitteln mit jeweils ähnlichen Anforderungen an Betreuung und Angebot. Damit ließe sich dann der Aufwand für Marketingmaßnahmen deutlich verringern, weil sie sich nicht auf jeden einzelnen Kunden einstellen muss. Es genügt dann, seine Gruppenzugehörigkeit zu kennen. Trotzdem kann ich vermeiden, etwa einen 90-Jährigen für eine Riester-Rente begeistern, einem Kleinkind einen Autokredit verkaufen zu wollen oder einem Mittellosen Aktienanlagen anzubieten.

Zunächst muss die Bank entscheiden, was sie unter dem Begriff „homogen" verstehen will und welche Daten sie für wichtig hält zur Charakterisierung einer solchen Gruppe. Der Einfachheit halber wollen wir annehmen, dass nur Alter und Einkommen eines Kunden zur Klassifizierung dienen sollen (siehe Abbildung 2). Um den Begriff „homogen" messbar zu machen muss ich eine Metrik einführen, die Alter und Einkommen irgendwie in Beziehung setzt. Ich kann zum Beispiel festlegen, dass 10 Jahre Alter den gleichen Unterschied bedeuten sollen, wie 10.000 EUR Einkommensabstand[11]. Wenn ich dann meine Kundendaten in ein Diagramm eintrage, erhalte ich lauter Punkte auf einer Fläche. Ich kann dann diese Metrik schon in der Skalierung meiner Achsen berücksichtigen, indem 10 Jahre auf der vertikalen Achse genauso lang sind wie 10.000 EUR auf der horizontalen Achse. Ob ein Kunde einem zweiten Kunden ähnlicher ist, als ein dritter, kann ich dann einfach im Diagramm als Abstand ausmessen.

Sehe ich auf das Diagramm, habe ich eine Vielzahl von Punkten – bei 1 Million Kunden also 1 Million Punkte. Vielleicht erkenne ich schon an der Verteilung deutliche Ballungen oder Wolken, die vielleicht geeignete homogene Gruppen darstellen können. Andererseits kann ich auch

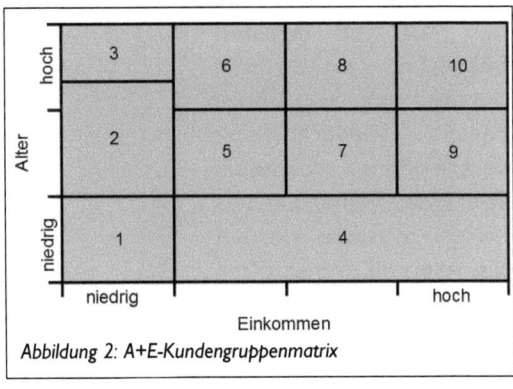

Abbildung 2: A+E-Kundengruppenmatrix

dann nicht für jeden Kunden eindeutig bestimmen, welcher Gruppe er angehört. Es mag im Einzelfall nicht klar sein, ob ich einen 60 Jährigen mit hohem Einkommen besser zu einer im Durchschnitt jüngeren Gruppe rechne oder zu der älteren (siehe Abbildung 3). Vielleicht erkenne

11 Oder ich könnte festlegen, dass 10% Altersunterschied wie 10% Einkommensunterschied zu werten sind, ausgehend von einem Eckwert z.B. 40 Jahre und 100.000 EUR.

ich aber schon klar, dass eine Unterteilung in 10 verschiedene Gruppen vernünftig erscheint.[12]

Jetzt kommen meine Agenten ins Spiel. Ich könnte für jeden Kunden einen solchen Software-Agenten ins Rennen schicken. Jeder Agent entscheidet nun für seinen Kunden vollkommen zufällig und immer wieder neu, welcher Gruppe er zugehören soll. Er bekommt dazu eine Rückmeldung aus seiner Umgebung, die ihm sagt, ob seine Entscheidung die Situation verbessert oder nicht. Im ersten Fall führt der Agent die avisierte Änderung durch, sonst tut er nichts. Die Umgebung (oder das Schwarze Brett) ist in diesem Falle eine vollständige Liste aller Kunden mit der jeweiligen Zugehörigkeit. Die Rückmeldung ist einfach die Summe aller Abstände vom jeweiligen Zentrum der Gruppe. „Situation verbessert" heißt dann einfach, die kleinere Summe wird erreicht, was gleichbedeutend mit einem kleineren durchschnittlichen Abstand der Kunden von ihrem jeweiligen Gruppenzentrum ist. Wenn ich das Ganze eine Weile laufen lasse, komme ich tatsächlich zu einer eindeutigen optimalen Einteilung meiner Kunden in eine vorgegebene Zahl von Gruppen. Zu Beginn des Optimierungsprozesses werden fast alle Agenten hektische Aktivitäten durchführen, also ihren Kunden wiederholt in verschiedene Gruppen zuordnen. Näher am optimalen Zustand werden die Agenten immer öfter entscheiden, nichts zu verändern. Schließlich im optimalen Zustand stellen alle Agenten ihre Aktivitäten ein und die Gruppenzugehörigkeit wird nicht weiter verändert. Jede der gefunde-

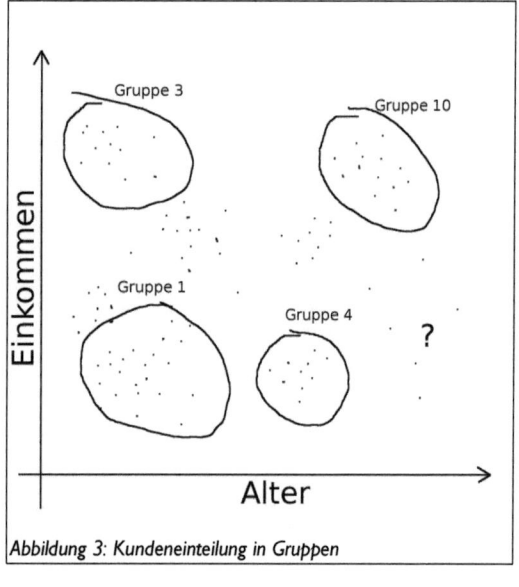

Abbildung 3: Kundeneinteilung in Gruppen

---

12 Die Einteilung der Kunden in 10 Gruppen nach Alter und Einkommen ist auch heute noch gängige Praxis in Banken. Das Beispiel stammt von einer großen Sparkasse.

nen Gruppen repräsentiert dann ein anderes durchschnittliches Einkommen und durchschnittliches Alter. Zum Beispiel könnte herauskommen, das reiche Rentner als homogene Gruppe zu betrachten sind, und genauso alle Erwachsenen mit niedrigem Einkommen unabhängig vom Alter eine weitere Gruppe bilden sollten.

Beste Lösungen durch Fehler

In komplizierteren Optimierungsproblemen gibt es meistens mehrere „beste" Lösungen. Damit meine Agenten nicht zwanghaft die erste zufällig anvisierte Lösung anstreben, kann und muss ich den Zufall ins Spiel bringen. Ich lasse meine Agenten „Fehler machen". Sie bekommen dann zwar die Rückmeldung, ob sie mit ihrer Aktion die Situation verbessern oder verschlechtern. Sie müssen sich aber nicht daran halten, sondern können auch eine zunächst kontraproduktive Entscheidung treffen. Erst solche „Fehler" versetzen das System insgesamt in die Lage, bessere Lösungen auf Umwegen zu suchen.

Für Agentensysteme in der KI ist klar, dass diese kein Optimierungsproblem alleine per Zufall lösen. Das ist zwar prinzipiell nicht ausgeschlossen, würde im Mittel aber viel zu lange dauern. Ich muss eine klare Rückmeldung geben in Bezug auf das Ziel. Andernfalls mögen die Veränderungen meiner Agenten schöne Muster ergeben, etwa fraktale Grafiken erzeugen, sicher aber nicht zufällig mein Problem lösen.

In diesem gebräuchlichen Modell gibt es eine klare Trennung zwischen der Programmlogik, die den Agenten ausmacht, und der Umgebung, die den Zustand des Systems repräsentiert. Dies Unterteilung ist aber künstlich. Ich hätte meine Agenten auch so konstruieren können, dass nur sie selbst sich merken, welcher Gruppe ihr Kunde zugeordnet wird. Sie hätten dann ein privates Gedächtnis. Der Zustand eines Agenten wäre dann gekennzeichnet durch seine (unveränderliche) Programmlogik und den Zustand seines Gedächtnisses. Die Umgebung müsste dann alle Agenten nach ihrem Zustand fragen, um die Rückmeldung auf eine veränderte Zuordnung zu berechnen. Das wäre mindestens unpraktisch. In diesem Fall aber wäre der Zustand der Umgebung gekennzeichnet durch die Gesamtheit der Zustände aller Agenten.

Selbstbezüglichkeit

Hier kommen wir zu einer anderen wesentlichen Eigenschaft intelligenter Systeme. Von vielen Autoren gefordert, ist Selbstbezüglichkeit eine unabdingbare Voraussetzung für die Entstehung von Intelligenz und Bewusstsein. Gemeint ist damit, dass ein intelligentes Individuum nicht nur seine Umgebung manipuliert, sondern damit auch sich selbst als Teil dieser Umgebung wahrnimmt und in die Veränderung einbezieht. Lernen ist beispielsweise eine solche Manipulation des eigenen Zustandes. Bezogen auf unsere Agenten kann das bedeuten, dass ein innerer Zustand – das Gedächtnis – sich aufgrund von Aktionen und Rückmeldungen verändert. Bei unseren reaktiven Agenten gibt es aber kein Gedächtnis. Selbstbezüglichkeit kann in diesem Fall nur bedeuten, dass der Agent sein eigenes Programm ändert, das ihn ja ausschließlich repräsentiert[13]. Der innere Zustand ist in diesem Fall identisch mit seinem Programm. Wir hatten oben schon gesehen, das eine strikte Trennung zwischen Agenten und Umgebung nicht naturgegeben ist. Wenn ich Selbstbezüglichkeit konsequent umsetzen will, muss ich diese übliche Trennung grundsätzlich in Frage stellen und Umgebung und Agenten als Einheit sehen. Die Trennung innerhalb eines Agenten zwischen Gedächtnis und Logik muss dann aber genauso als willkürlich angesehen werden. Die Begründung für eine Trennung ist auch eher pragmatischer Natur: Etwas anderes wäre in der Praxis nicht umsetzbar.

Selbstverständlich kann ich ein Programm schreiben, das seinerseits ein weiteres Programm schreibt. Wie so etwas zu verstehen ist, möchte ich an einem Beispiel erklären. Ich selbst habe so etwas einmal realisiert, als ich vor vielen Jahren mit einem einfachen Grafikprogramm – vergleichbar mit den heute unter MS Excel verfügbaren grafischen Möglichkeiten – Bodenanalysen aufbereiten sollte. Dazu wurden von einem keramischen Betrieb in einem weitläufigen Schachbrettmuster im Gelände Bohrungen durchgeführt um Tonschichten aufzuspüren, die für die Herstellung von Porzellan und Keramik interessant sind. Eigentlich war das mir zu Verfügung stehende Werkzeug völlig ungeeignet für diese Aufgabe und das gaben mir unsere Spezialisten auf Nachfrage deutlich zu verstehen. Die Software erlaubte allerdings genau die oben geschilderte

---

13 Als Gedächtnis kann hier nur der Zustand der Umgebung dienen, aus dem er vermittels eigener Logik Rückschlüsse auf die Vergangenheit ziehen kann.

Vorgehensweise. Ich erstellte also eine Prozedur, deren Aufgabe es war, die angelieferten Bohrdaten einer Analyse zu unterziehen, Daten zu ergänzen, in eine einheitliche Form zu bringen und dann maßgeschneidert ein Grafikprogramm zu schreiben und auszuführen. Dieses automatisch erzeugte Programm war dann in der Lage, genau diese und nur diese Daten auszuwerten und sinnvoll darzustellen. In anderen Fällen wäre es schlicht gescheitert, hätte eine falsche Darstellung gewählt und wurde konsequenterweise direkt nach seiner Ausführung wieder gelöscht. Dies funktionierte außerordentlich gut zur Verblüffung meiner Kollegen und des Kunden, der den Auftrag erteilt hatte.

Das oben angeschnittene Problem besteht darin, dass in letzter Konsequenz ein Programm den eigenen Code modifizieren müsste. Auch das ist oberflächlich betrachtet kein Problem. Auf Ebene eines herkömmlichen Prozessors sind sowohl die Befehle als auch die Daten in Binärcode hinterlegt. Das ganze Programm ist also als Bitmuster bzw. als Folge von Bytes (=8Bit) repräsentiert. Ob ein solches Muster aus 0-en und 1-en einen ausführbaren Befehl bedeutet oder Daten ist von vorne herein nicht festgelegt. Ein Byte 'EB' (hexadezimal für '11101001') kann eine Anweisung an den Prozessor bedeuten, im Hauptspeicher einen Sprung an eine andere Adresse durchzuführen. Wie weit dieser Sprung führen soll, steht dann in den folgenden Datenbytes. Andererseits steht 'EB' auch einfach für die ganze Zahl '235', die vielleicht aufgrund eines vorangegangenen Additionsbefehl zu verarbeiten ist. Jedes Befehlsbyte kann grundsätzlich auch als Datum behandelt werden. Umgekehrt gibt es aber natürlich Datenbytes, die nicht als Prozessorbefehl interpretierbar sind. Und selbst wenn das zufälligerweise doch einmal möglich ist, wird das Ergebnis im Kontext des gesamten Programms keinen Sinn mehr ergeben.

Sie erinnern sich vielleicht noch an alte Agentenfilme, in denen der

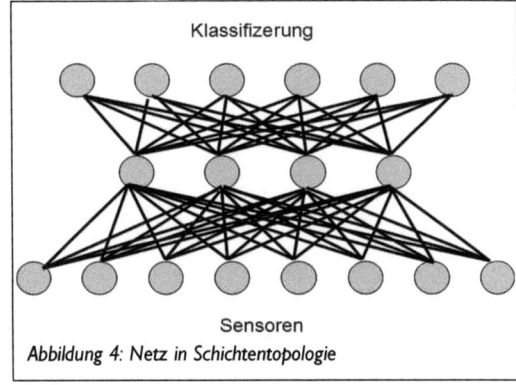

Klassifizerung

Sensoren

Abbildung 4: Netz in Schichtentopologie

Akteur eine Nachricht erhält, die da endet mit „... und vernichten Sie diese Nachricht sofort". Ein ähnlich offensichtliches Beispiel ist ein Text, der detailliert beschreibt wie der Leser diesen Text durch Änderung von Buchstaben verändern soll. Lautet die Anweisung etwa, „Ersetze in diesem Text jedes e durch ein a", so erhalte ich natürlich wieder eine Buchstabenfolge, die nun aber semantisch vollkommen sinnlos ist. „Ersatza in diasam Taxt jadas a durch ain a" kann keinerlei weitere Anweisungen mehr geben, wie im nächsten Schritt zu verfahren ist.

Dieses Problem eines sich selbst ändernden Programms ist allgemeingültig nicht ohne weiteres zu lösen. Wenn ein Programm einfach das eigene Bitmuster verändert, wird es danach fast immer nicht mehr ausführbar sein. Jeder Nutzer von Windows kennt die früher berüchtigten Blue Screens, die gerne bei fehlerhaftem Hauptspeicher auftreten. Dabei führt eine defekte Speicherzelle dazu, das ein Byte fehlerhaft gelesen, also beliebig verändert zur Ausführung kommen soll – der GAU für jeden Benutzer.

Gesucht ist hier eine Kodierung, die ich als Datenstruktur beliebig verändern kann und die trotzdem immer sinnhaft als Programmcode bleibt, und darüber hinaus auch im Kontext des gesamten Programms noch Sinn ergibt. Oder stellen Sie sich dazu eine Schriftsprache vor, in der jede denkbare Buchstabenfolge einen vernünftigen Text darstellt.

Neuronale Netze

Auf den ersten Blick gibt es einen Ausweg in bekannter Technologie. Neuronale Netze arbeiten mit Training und Mustererkennung. Sie sind das Mittel der Wahl, um Hirnfunktionen nach-

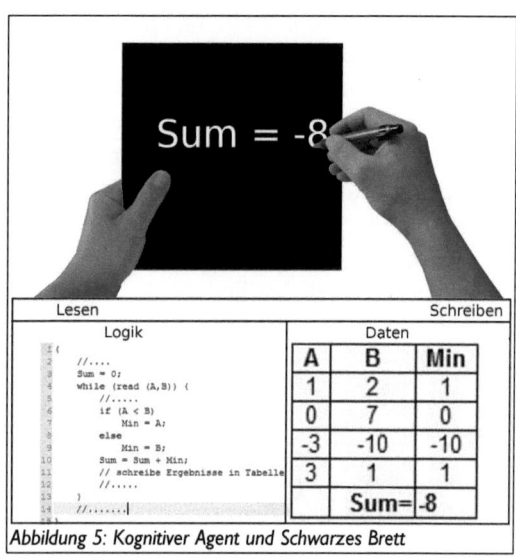

Abbildung 5: Kognitiver Agent und Schwarzes Brett

zubilden, natürliche Sprache und Bilder maschinell zu verarbeiten. Ein solches Netz verarbeitet Informationen und trifft Entscheidungen in einer Weise, die direkt von seinem Zustand abhängt. Es gibt viele Spielarten solcher Netze. Je nach Art des Netzes ändert sich dieser Zustand dabei nur während einer Trainingsphase, oder – bei selbstlernenden Netzen – auch ständig während der Arbeit. Jeder Zustand des Netzes ist im allgemeinen ein gültiger Zustand, führt also in der Verarbeitung zu Ergebnissen. Ändere ich den Zustand ab, bleibt das Netz funktionsfähig, liefert aber andere – auch falsche – Ergebnisse. Ein einziges Neuron arbeitet nach sehr einfachen Regeln, indem es Signale aus seiner Umgebung aufnimmt, bewertet und dann entscheidet, ob es seinerseits ein Signal in seine Umgebung sendet. Entscheidend ist die Bewertung der Signale, die meist während einer Trainingsphase gelernt wird. Im oben angeführten Beispiel könnte ich ein Netz anhand meiner Kundendaten und der ermittelten Klassifizierung so trainieren, dass es neue Kunden schnell und sicher in eine meiner 10 Kundengruppen klassifiziert.

In seiner Funktionsweise ähnelt ein Neuron stark einem kognitiven Agenten[14] (siehe Abbildung 5). Und in der Tat kann man so ein Netz als ein System solcher Agenten betrachten, die zudem in einem vergleichsweise starren Verbund zusammenarbeiten.

Sieht man genauer hin, gilt diese Variabilität nur begrenzt. Solche Netze müssen sehr spezifisch auf eine Aufgabenstellung angepasst werden, angefangen von einem starren Aufbau in Schichten bis hin zu festen Zahlen von Neuronen in jeder Schicht (siehe Abbildung 4). Auch die meist notwendige Trainingsphase ist ein äußerst fragiles Unterfangen. Das Trainingsmaß ist wichtig: Ein übertrainiertes Netz ist unter Umständen nicht mehr in der Lage, neue Muster sinnvoll zu klassifizieren. Es kann dann nur noch die schon bekannten und trainierten Daten korrekt zuordnen. Unter dem Anspruch, Selbstbezüglichkeit zu ermöglichen, führt diese Technologie damit nicht weiter. Beschreibe ich den Zustand eines solchen Netzes wieder umfassend durch seine Architektur zusammen mit den Daten, die sein Entscheidungsverhalten bestimmen, ist der Anteil starrer Architektur möglicherweise sogar größer als bei typischen Systemen reaktiver Agenten.

---

14 Das ist ein Agent mit eigenem Gedächtnis, in dem er sich Fakten zum ausschließlich eigenen Gebrauch abspeichern kann.

Selbsterkenntnis

An dieser Stelle möchte einen Aspekt ins Spiel bringen, der mit der Erkenntnis der eigenen Existenz zu tun hat. Stellen sie sich vor, ein solcher Agent sei in der Lage, in unserem Sinne zu denken und eine Feststellung zu treffen, dass er selbst existiert. Wie kann dann diese Erkenntnis zustande kommen? Ein solcher Agent muss natürlich komplex sein, insbesondere über ein eigenes Gedächtnis verfügen[15]. Die Agenten kommunizieren nicht direkt miteinander, nur über das Schwarze Brett. Das Bild, das sich unser Agent von seiner Welt macht, ist dieses Schwarze Brett, oder genau genommen die Rückmeldungen daraus auf jede seiner Aktionen. Nehmen wir einmal an, dass diese Rückmeldungen deutlich komplexer ausfallen als in unserem Beispiel oben. Dann kann unser Agent sich aus all seinen Aktionen mit den zugehörigen Rückmeldungen, die er in seinem Gedächtnis speichert, ein Bild seiner Umgebung machen mit all den Daten und Veränderungen, die von ihm und anderen Agenten in seiner Welt verursacht werden. Alles andere, Programmlogiken, der Zustand anderer Agenten, sind für ihn nicht direkt wahrnehmbar, haben also keinen Ort in seiner Welt. Er könnte nun leicht durch Experimente feststellen, wo in dieser Welt die Daten sich befinden, die er durch seine Entscheidungen direkt verändert. Damit kann er seine eigene Existenz an einem Ort festmachen. Genauso kann er durch Beobachtung anderer Orte in seiner Welt auf die Existenz anderer Agenten schließen, die ähnliche Veränderungen hervorrufen wie er selbst. Daraus schließt er, das diese ihm selbst ähnlich sind. Daneben gibt es vielleicht noch andere Muster, die nicht den eigenen gleichen, die er deshalb anderen Gesetzmäßigkeiten zuschreibt. Letztendlich würde er vermutlich den fundamentalen Fehler begehen, sich und Andere mit den Daten in seiner Welt – dem Schwarzen Brett – zu identifizieren und den Ursprung der eigenen Existenz zwischen diesen Daten suchen. Dann läge der Versuch nahe, andere Agenten zu erschaffen, indem er nur diese Daten reproduziert: Ein offenbar aussichtsloses Unterfangen. Das wäre etwa so, als würde ich die Person „Goethe" neu erschaffen wollen, indem ich den „Faust" schreibe. Für meinen Agenten gibt es keinerlei objektiv messbares Kriterium, mit dem er von außen direkt auf die Logik anderer Agenten schließen könnte.

---

15 Dieses Gedächtnis kann aber ohne weiteres ein privater Bereich innerhalb der Umgebung sein, quasi ein Schließfach, zu dem nur er den Schlüssel hat.

Selbstbezüglichkeit führt aber zu noch fundamentaleren Problemen. Informatik wie Mathematik und Naturwissenschaften sollten sich durch klare Logik und eindeutig entscheidbare Aussagen auszeichnen. Das ist zumindest das allgemein akzeptierte Bild dieser Wissensbereiche. So ist das aber nicht ganz richtig. Wenn ich nicht sorgfältig meine Voraussetzungen formuliere, kann es zu widersprüchlichen oder nicht entscheidbaren Aussagen kommen. Jeder kennt Sätze wie „Diese Aussage ist falsch.", von der ich nicht sagen kann, ob sie selbst als Aussage wahr oder falsch ist.

Als Mathematikstudent im ersten Semester wurde ich – wie viele vor mir und nach mir – mit einer Übungsaufgabe konfrontiert. Dabei ging es um den Begriff der Menge – einem der allgemeinsten Konzepte der Mathematik. Eine Menge ist einfach eine ungeordnete Ansammlung von irgendwelchen Elementen – egal was: Zahlen, Straßen, Äpfel, Birnen. Und natürlich kann eine Menge auch andere Mengen als Elemente enthalten – das ist tägliches Brot für Mathematiker. Die Frage ist, ob die Menge aller denkbaren Mengen – die nenne ich *MaM* als die Mutter aller Mengen – dann auch ein Menge ist. Die spontane Antwort wäre „Ja klar, warum nicht". Bei näherem Hinsehen mag dieses Konstrukt doch gewöhnungsbedürftig sein, zumal diese Menge auch sich selbst als Element enthält. Könnte ich *MaM* auflisten[16], würde das dann aussehen wie *MaM* = {..., {1},{2},{3},... , {A}, {X}, {alle natürlichen Zahlen}, MaM, {alle roten Äpfel}, ...}[17]. Wenn dieses Konstrukt als Menge erlaubt sein soll, dann erwarte ich, dass ich diese eindeutig aufteilen kann in gutartige Mengen und in bösartige. Bösartige Mengen sind die, die in sich selbst enthalten sind. Die anderen sind dann in der Menge – ich nenne sie *GuM* – der gutartigen Mengen, die sich selbst nicht enthalten. Und jetzt ist da mein Problem: Ich kann nicht sagen, ob *GuM* selbst gut- oder bösartig ist. Wenn *GuM* eine Menge ist, müsste es eigentlich genau einer der beiden Gruppen angehören. Nehme ich an, *GuM* ist gutartig, dann muss es logischerweise in *GuM* enthalten sein, und damit wiederum ist es aber bösartig, weil es in sich selbst enthalten ist. Andersherum, ist *GuM* nicht in *GuM* enthalten, dann erfüllt *GuM* offenbar die Bedingung, nach der es dann wieder in *GuM* enthalten sein müsste – ein unentwirrbarer Widerspruch.

16 Als Mathematiker weiß ich natürlich, dass ich diese Menge nicht auflisten kann.
17 Mengen werden üblicherweise in {} geschrieben und dazwischen die Elemente

Weder Informatiker noch Mathematiker oder Naturwissenschaftler mögen sich mit solchen Problemen in ihrer alltäglichen Arbeit herumschlagen. Daher verbietet man üblicherweise solche Konstrukte. Im obigen Beispiel würde man einfach festlegen, dass *MaM* keine Menge ist – Punkt, Basta, Aus. Im Zusammenhang mit Intelligenz und Bewusstsein darf ich eine solche Ausgrenzung allerdings nicht von vorne herein akzeptieren.

Die Reiseroute

Bewusstsein und intelligentes Handeln sind ein interdisziplinäres Thema. Seit Menschengedenken übt die Frage nach der eigenen Existenz
und Rolle im Universum eine ungebrochene Faszination aus. Daher ist
es kaum verwunderlich, dass viele Wissenschaften sich mehr oder weniger mit solchen Begriffen beschäftigen. Anders als Bewusstsein selbst ist
intelligentes Handeln direkt beobachtbar, messbar und reproduzierbar.
Diese Möglichkeit ist eine fundamentale Voraussetzung für alle exakten
Wissenschaften, die durch Wiegen, Messen, Modellieren in der Lage
sind – oder dorthin kommen wollen – , verlässliche Erklärungen und
Voraussagen zu treffen. Ob hinter diesem objektiv beobachtbaren Verhalten allerdings eher zufällige Ereignisse im kleinen Maßstab stehen, die
in ihrer Summe dann intelligent erscheinen, oder ein umfassendes Wollen und Streben, das sich nicht aus den Einzelteilen heraus erklären lässt,
ist eine zentrale, in den Naturwissenschaften wenig beachtete Grundsatzfrage.

Eine von vielen Beschreibungen für die Begriffe Bewusstsein und Intelligenz aus Sicht der Informatik und der kognitiven Neurobiologie ist
folgende:

„Ein System verfügt über **Bewusstsein**, *wenn es selbstständig aufgrund*
von Informationen aus dem Umfeld fähig ist, sich zwischen verschiedenen
Verhaltensmöglichkeiten zu entscheiden, bevor eine davon umgesetzt wird.
Voraussetzung für den Entscheidungsprozess ist, dass das System einen Aus-
schnitt aus der Wirklichkeit über seine Sinne wahrnimmt und sich daraus ein
Bild dieser Welt konstruiert, dass das System selbst enthält. Umgangssprach-
lich schlägt sich das in der Formulierung „sich seiner selbst bewusst sein" nie-
der (Hofstadter, Dennet). In diesem Modell wird die Auswahl getroffen, das
heißt eine der möglichen Verhaltensweisen wird bestimmt, bevor diese dann
realiter umgesetzt wird. Bewusstsein ermöglicht damit vorausschauendes
Denken."[18]

Intelligenz ist die Fähigkeit, Aufgaben zu lösen, neue Situationen zu
meistern. Intelligenz meint Problemlösungsverhalten, Kreativität. Intelligenz wird oft als Voraussetzung für Bewusstsein gesehen, beschreibt

18 Quelle: http://www.uni-protokolle.de/Lexikon/Bewusstsein.html

Bewusstsein aber eher aus Sicht der messbaren Verhaltensweisen.

Bevor wir über mögliche Modelle sprechen, die die vielfältigen Aspekte intelligenten Handelns und Wahrnehmens erklären können, möchte ich Sie mitnehmen auf eine Reise durch die wichtigsten Disziplinen in diesem Zusammenhang. Möglicherweise schält sich schon beim Lesen dieser Beiträge der grobe Umriss eines solchen Modells heraus, was es leisten muss und wo es einsetzbar sein sollte. Der spannendste Teil aus meiner Sicht ist die Verbindung in die exakteste aller Naturwissenschaften. Ich werde die Frage beantworten „Was in aller Welt hat das denn mit Physik zu tun?".

Das Modell selbst im vorletzten Kapitel wird wohl unausweichlich eine Zumutung für alle Nicht-Mathematiker bedeuten. Auf die noch komplizierteren Details werde ich hier nicht eingehen. Dazu ist eine englischsprachige Arbeit „The Source of the Universe"[8] verfügbar für alle diejenigen, die sich mit der harten Mathematik auseinandersetzen wollen. Wer möchte, kann die Herleitung auch vollständig überspringen. Die Eigenschaften und Auswirkungen des Modells, die im letzten Kapitel beschrieben werden, sind auch ohne diese Details verständlich.

Trotzdem lässt sich ein hohes Maß an Abstraktion leider nicht vermeiden. Nur so lässt sich die Welt um uns herum genügend vereinfachen, um gemeinsame Muster deutlich herauszustellen und die Ursprünge zu begreifen.

Biologie

Die ausgedehnten Eichen- und Buchenwälder der Nordeifel bieten beste Voraussetzungen für lange Wanderungen. Bei solchen Freizeitaktivitäten kann ich meinen Gedanken freien Lauf lassen und dabei über die Welt und ihre Zusammenhänge nachdenken. Wer das Gebiet kennt, findet leicht herrlich ruhige Gegenden ohne jeden Verkehrslärm und ohne Störungen durch Spaziergänger, die vor allem Sonn- und Feiertags die bekannten Hauptwanderwege am Rande und im Nationalpark Eifel bevölkern. Abfällig als „Preußen-Wald"bezeichnet werden die ursprünglich hier nicht beheimateten Wirtschaftswälder aus Fichten und anderen Nadelbäumen, die das Bild immer wieder unterbrechen. Und gerade hier, wo der licht-arme Waldboden übersät ist mit Zweigen, Nadeln und Moosen findet man die großen roten Waldameisen. Dort gibt es kaum eine Bank und Rastplatz, wo es nicht von diesen Insekten nur so wimmelt. Zeit spielt bei solchen Wanderungen keine große Rolle. Der Weg ist das Ziel. Und so kann ich mich oft ausgiebig mit dem Gewimmel zu meinen Füßen beschäftigen. Man braucht in der Tat schon Geduld und Zeit, um irgendeine Systematik in diesen zufällig aussehenden Bewegungen der Ameisen zu entdecken. Da sind Tiere, die einfach so unterwegs sind, einige Zentimeter laufen, sich anscheinend orientieren, den Lauf fortsetzen oder sich in eine andere Richtung bewegen. Andere Tiere transportieren irgendetwas – Zweige, Nadeln, tote Insekten. Manchmal kann man beobachten, wie ein toter Käfer sich auf dem Rücken liegend über einen Weg bewegt. Bei genauerem Hinsehen bemerkt man dutzende Ameisen, die gemeinsam diesen Körper transportieren, der ein Vielfaches ihres Gewichts aufweist. Sie fressen diesen nicht etwa. Nein, sie rühren ihn mit ihren Beißwerkzeugen nicht an und bewegen den Kadaver einfach irgendwohin. Und das tun sie sehr koordiniert und abgestimmt untereinander.

Mit etwas Glück findet man dann in der Nähe im Wald einen größeren Haufen aus Nadeln und kleinen Zweigen, der besonders dicht bevölkert scheint. Beobachtet man das Treiben in der Nähe, lässt sich schon eher eine Systematik ableiten. Die Tiere, die sich überwiegend vom Haufen wegbewegen, tragen meist nichts mit sich herum. Die, die sich auf ihn zu bewegen, tragen offenbar Baumaterial oder Futter. Aber warum tun sie dass? Offenbar zieht ein einzelnes Tier keinen unmittelbaren Nutzen aus seinem Verhalten. Andererseits fällt es schwer, einem solch einfachen Wesen so etwas wie Planung zu unterstellen, so dass es in der Hoffnung auf zukünftige Belohnung so handelt. Greift man eine einzelne Ameise an, etwa indem man sie mit dem Finger anstößt, dann greift durchaus ein persönliches Verteidigungsprogramm. Das Tier hat also offenbar auch eigene unmittelbare Interessen, nämlich zu überleben. Viele andere Antriebe haben aber anscheinend mit der Gemeinschaft zu tun, die sich auf und um diesen Ameisenhaufen konzentriert.

Ähnliches kann ich in meinem Garten beobachten. Die Ameisen dort sind zunächst einmal viel kleiner und auf der Terrasse unübersehbar auf süße Essensreste aus. Ameisenhaufen finde ich nur selten, aber immer dann, wenn ich einige Wochen wegen Dauerregens nicht zum Rasen mähen gekommen bin. Dann türmen sich im hohen Gras, so wie auch im Kräuterbeet, lockere Erdhaufen. Kratze ich die auseinander, kommen unzählige Ameisen zum Vorschein, die aufgeregt hin und her rennen. Viele tragen dabei eine weiße, eiförmige Last mit sich herum. Offenbar rennen die Tiere nicht nur verängstigt um ihr Leben, sondern versuchen, ihre Brut in Sicherheit zu bringen. Weshalb tun die das? Auch hier scheint so etwas wie ein Gemeinwohl stärker ausgeprägt als der individuelle Überlebenswille. Der Augenschein sagt, dass hier eine Gemeinschaft eine sehr direkte Kontrolle über ihre Individuen ausübt.

Dialog S/ W

Eine fiktive Diskussion zwischen dem Biologen Wolfgang und der Maschinenbauerin Sandra beim Spaziergang im Wald am Kermeter[19] könnte etwa so ablaufen:

S: „Die vielen Ameisen hier machen den Eindruck, als wüssten sie genau, was sie tun sollen. Haben die so etwas wie einen Arbeitsplan im Kopf? Kaum vorstellbar bei so kleinen Wesen."

W: „Ja das ist immer wieder faszinierend. Auch die Orientierung ist für den Laien verblüffend. Die Tiere finden sicher ihren Weg zurück zum Nest und finden ohne große Umwege zu ihren Futterstellen."

19 Der Kermeter ist ein Waldgebiet im Nationalpark Eifel.

S: „Wenn ich bedenke, wie groß die Entfernungen im Vergleich zu ihrer Größe sind, brauchte ich dazu sicher Karte und Kompass, oder ein GPS."

W: „Die Tiere suchen nicht nur Futter, sondern bauen auch einen hoch komplexen Ameisenhaufen auf, den man besser und funktionaler kaum planen könnte. Das schaffen sie durch eine hoch differenzierte Organisation. Verschiedene Ameisen haben sehr unterschiedliche Aufgaben. Deshalb nennt man das Ganze auch einen Ameisenstaat."

S: „Aha, und wer ist der Chef und plant das Ganze? Gibt es da eine Superameise in dem Nest?"

W: „Das ist gerade das Faszinierende, dass es so etwas nicht gibt. Es gibt zwar eine Königin, die sich aber nur um die Produktion von Nachwuchs kümmert, sicher nicht um die Planung irgendwelcher Arbeiten. Zur Orientierung arbeiten die Ameisen mit Duftstoffen, sogenannten Stigmergia, mit denen sie unter anderem ihre Wege markieren."

S: „Toll, und woher weiß man das so genau, dass da keine Planung im Spiel ist?"

W: „Zum Beispiel gibt es zuverlässige Modelle dafür, wie denn die Ameisen nach kurzer Zeit den kürzesten Weg zu einer Futterstelle finden. Das hat mit diesen Duftstoffen zu tun. Jede Ameise markiert damit ihren Weg auf der Suche nach Futter. Der Duft verliert nach kurzer Zeit seine Wirkung und muss immer wieder erneuert werden. Nach einiger Zeit führt das dazu, dass nur der kürzeste und sicherste Weg markiert bleibt. Jede Ameise kann sich dann daran orientieren."

S: „Es ist schwer vorstellbar, dass das alles ohne zentralen Einfluss auskommt."

W: „Einzelne Vorgänge kann man am Computer sehr schön simulieren. Daher gehen wir sicher davon aus, dass alle Vorgänge rund um und in diesem Ameisenstaat sich aus dem einfachen Verhalten einzelner Ameisen erklären lassen."

S: „Interessant, trotzdem habe ich noch Zweifel. Wenn ich zum Beispiel eine Waschmaschine konstruiere und baue, dann funktioniert die hoffentlich selbständig, sobald ich sie einschalte. Dann kann ich auch die

Funktion der Maschine – nämlich „Wäsche waschen" – erklären aus dem lokalen Zusammenspiel vieler kleiner dummer einzelner Teile. Ich kann sagen, die Trommel dreht sich, weil ein Elektromotor dahinter mit Strom versorgt wird. Der Strom fließt, weil ein Programmwähler just in diesem Moment einen Schalter umgelegt hat. Ich kann mich endlos in dieser Art von Ursachen verlieren und behaupten, die Maschine vollständig aus dem lokalen Verhalten ihrer Einzelteile erklären zu können. In gewissem Sinne ist das sogar richtig. Trotzdem fehlt doch hier etwas Entscheidendes!?"

W (lacht): „Wenn du auf so etwas wie einen höheren Willen im Ameisenstaat hinaus willst: Dafür gibt es keinerlei überprüfbare Hinweise. Es wäre unwissenschaftlich, darüber zu spekulieren. Das ist letztendlich eine Frage, die für einen Theologen vielleicht vernünftig klingt."

S (denkt, dass ihr gesunder Menschenverstand gerade leise „Servus" gesagt hat. Und dann kommt ihr noch in den Sinn, dass sich in der Maschine sicher auch kein solcher Hinweis finden würde und dass Ws Modellvorstellung vielleicht dann unvollständig ist. Man sieht eben immer nur, was man sehen will und sehen kann.)

Schwärme

Ameisen, Termiten und Bienen strahlen so etwas wie Seelenverwandtschaft zu uns aus: Sie leben in großen Gruppen, zeitweise ortsfest und bauen gemeinsam ihre eigene Welt. Nur in dieser sind sie lebensfähig. Das ist es, was zumindest uns moderne Menschen ebenso auszeichnet. Wissenschaftlich fasziniert die Fähigkeit dieser Tiere, in Schwärmen Leistungen zu vollbringen, die als Individuum weit außerhalb ihrer Möglichkeiten liegen. Auch das haben sie mit unserer Gesellschaft gemein. Ich selbst wäre niemals in der Lage, auch nur einen Kugelschreiber herzustellen oder mich selbst zu ernähren, wenn ich dazu nur auf die Ressourcen der Natur zurückgreifen könnte. Diese Tiere bauen hierarchische, höchst arbeitsteilige Staaten, deren Funktionsweise und Organisation vermutlich keines dieser Wesen auch nur ansatzweise begreifen, erst recht nicht planen kann.

Anhand von Beobachtungen kann die Biologie viele Fragen in diesem Zusammenhang heute beantworten. Wir wissen wie Bienen miteinander kommunizieren, welche Anreize Termiten setzen und wahrnehmen, um Ihren eindrucksvollen Bau weiterzuführen und wie Ameisen mitteilen, wo Nahrung zu finden ist. Dies alles sind staatenbildende Insekten, die ihren Staat als eine hoch organisierte Form des Schwarms bauen.[20]

Zu den am besten erforschten staatenbildenden Insekten gehören die Termiten[21]. Augenfällig sind die bis zu 7 Meter hohen Festungen mancher Arten mit der Festigkeit von Sandstein. Manche Bauten sind zur optimalen Klimatisierung genau nach dem Sonnenlauf ausgerichtet, es gibt ausgeklügelte Belüftungssysteme, Bögen, Säle, Straßen und funktionale Schichten. Alles in allem ein Gebilde, das auch bei sorgfältiger Planung kaum zweckmäßiger ausfallen könnte. Allgemein akzeptiert ist die Annahme, dass diese Leistungen aus emergentem Verhalten des Schwarms resultieren. Emergenz bedeutet, das diese komplexen Resultate ausschließlich zustande kommen, indem einfache Lebewesen sehr einfache Regeln innerhalb ihrer unmittelbaren Umgebung befolgen. Das kann heute anhand von Simulationen überzeugend nachgewiesen werden[9]. Jedes Individuum trägt hierzu bei, ausschließlich angewiesen auf seine lokale Wahrnehmung und Kommunikation. Die Annahme, dass die Leistungen des Schwarms ausschließlich durch lokales Verhalten ermöglicht werden, ist also durchaus nicht unvernünftig.

Eine Analogie dazu zeigen auf den ersten Blick chemisch-physikalische Vorgänge beim Kristallwachstum: Die makroskopische Form von Kristallen hängt direkt mit den Symmetrieeigenschaften der Moleküle des Materials ab, wird also durch lokale Eigenschaften im molekularen Maßstab bestimmt. Symmetrien sind ein universelles Konzept, wenn es darum geht, Gemeinsamkeiten unabhängig vom Maßstab darzustellen. Symmetrie beschreibt eine Eigenschaft, die bei einer bestimmten Veränderung bestehen bleibt. Die Farbe meines Pulli's bleibt im Zeitablauf gleich, also die Uhrzeit ändert sich, nicht aber die Farbe – jedenfalls in kurzen Abständen ist das meistens so. Die Farbe meines Pullovers besitzt damit eine Symmetrie in der Zeit. Eine glatte Kugel kann ich drehen und wenden wie ich will – es bleibt eine Kugel. Diese Form ist da-

---

20 Oft versteht man unter einem Schwarm allerdings nur eine einfache Formation fliegender oder schwimmender Tiere – also Vögel und Fische. – die irgendwie zusammen gehören und arbeiten. Hier verwende ich den Begriff Schwarm für alle solche Gruppen von Individuen – Tiere, Menschen, Maschinen .

21 Siehe z.B. Wikipedia http://de.wikipedia.org/wiki/Termiten

mit symmetrisch im Raum in Bezug auf Drehungen und Spiegelung. Mein Gesicht ist einigermaßen spiegelsymmetrisch: Wenn ich meine linke Gesichtshälfte auf meine rechte spiegele, bleibt mein Portrait ohne weiteres identifizierbar. Die Aussage, dass etwas bei Spiegelung an einer Ebene unverändert bleibt, hat nichts mit einer Größenordnung zu tun. Es spielt keine Rolle, ob im atomaren Maßstab oder intergalaktisch in Lichtjahren gemessen wird. Symmetrie ist eine Eigenschaft, die ich auf jede Größenordnung übertragen kann.

Symmetrie der Lebensfreude

Auf den zweiten Blick ist diese Analogie zwischen Kristallen und Insektenbauten sehr oberflächlich und bei näherem Hinsehen nicht haltbar. Staatenbildende Insekten weisen als Individuen keine erkennbaren Symmetrien auf, die sich im Aufbau der Staaten wiederfinden lassen. Wenn so etwas existiert, muss ich über die Individuen hinausgehen und die Umgebung mit einbeziehen – Gelände, Klima, Sonne, Jahreszeiten und dergleichen, Faktoren also, die tatsächlich Form und Funktion solcher Bauten prägen. Dann kann ich eine im Vergleich zu den oben angeführten Beispielen sehr komplexe Symmetrie konstruieren. Dazu brauche ich erst einmal einen Vorgang, der Veränderungen vornimmt – also so etwas wie Spiegelung oder Drehung oder Zeitablauf. Dann kann ich untersuchen, welche Eigenschaften dabei nicht verändert werden.

Ich stelle mir vor, es gäbe ein Wohlfühlpotential, das die durchschnittliche Lebensfreude aller Individuen ausdrückt. Diese Potentialfunktion ordnet jedem erdenklichen Zustand des Universums das Lebensgefühl unserer Insekten zu. Mit Universum ist hier die beeinflussbare Umwelt gemeint, also insbesondere der Zustand des Baus und seiner direkten Umgebung. Dieses hypothetische Potential ist äußerst komplex und kennt viele lokal optimalen Zustände. Das sind Zustände der Umwelt, in denen die Lebensfreude bei jeder kleinen Veränderung abfällt. Es bedeutet nicht, dass es insgesamt keinen besseren Zustand geben kann. Vielleicht gibt es auch keinen absolut besten Zustand mit vollkommenem Glück für alle. Jedes Insekt nimmt nun bei jeder Aktion, derer es fähig ist und die es durchführt die Veränderung dieses Wohlfühlpotentials wahr. Bei einem optimalen Zustand wird dann die Rückmeldung zu jeder denkbaren Veränderung negativ ausfallen, unser Individuum also eher davon ablassen. Unser Insekt hat einen freien Willen, kann also trotzdem etwas unternehmen, wird wahrscheinlich aber davon Abstand nehmen. Mein Wohlfühlpotential führt also vermittels meiner Insekten zu einer Abbildung – die nenne ich einmal den Renovierungsplan –, die einen jetzigen Zustand der Welt in einen Zustand der Welt in der nächsten Sekunde überführt. Der Plan berücksichtigt dabei natürlich implizit meine Insekten, ihren inneren Aufbau und Funktion und andere nicht beeinflussbare Umweltfaktoren, die fürs Wohlbefinden ausschlaggebend sind.

Ist ein Optimum erreicht, dann wird der Renovierungsplan den Zustand beibehalten wollen, also den aktuellen Zustand auf sich selbst abbilden. Das versteht man allgemein unter einer Symmetrie. Die Form des Baus und seiner Umgebung ist dann unveränderlich bei Anwendung des Renovierungsplans. Es handelt sich hierbei um eine Zeitsymmetrie, eine Erhaltungsregel, wie für die Farbe meines Pullovers. Diese Symmetrie, die über einen im Detail zufallsgetriebenen und trotzdem insgesamt zielstrebigen Prozess erreicht wurde, steckt in den Tiefen unseres Wohlfühlpotentials. Und das berücksichtigt tatsächlich außer den Eigenarten unserer Insekten Umweltfaktoren wie Gelände, Klima, Sonne, Jahreszeiten und dergleichen.

Es scheint so, als hätten wir tatsächlich eine Symmetrie entdeckt, die den Individuen innewohnen kann. So ist es aber nicht ganz. Das würde bedeuten, dass jedes einzelne Individuum nur nach seinem persönlichen Glück strebt. Die hypothetische Konstruktion bezieht sich ausdrücklich auf ein Wohlbefinden des Schwarms, eine Rückmeldung muss also über den Schwarm an die Individuen erfolgen. Nur so kann das Gedankenkonstrukt funktionieren. So etwas ist eigentlich nur denkbar, wenn mit diesem Austausch etwas von naturgesetzlich durchdringender Wirkung verbunden ist, der sich nichts völlig entziehen kann, wie etwa der Wirkung der Schwerkraft.[22]

Es läuft auf die Frage hinaus, ob ein Schwarm als Ganzes eine direkte Wirkung auf seine Mitglieder ausübt. Gibt es so etwas wie ein Solidargefühl, dass das Wohl des Schwarms über die eigenen Bedürfnisse stellt? Vermittelt der Schwarm vielleicht so etwas wie ein „Bauchgefühl", das jedem Individuum sagt, was es tun oder besser lassen sollte? Das ist mit

22 Rupert Sheldrake macht dafür morphogenetische Felder verantwortlich[10]

der Rückmeldung gemeint, die die Umgebung liefern sollte. Und so ist das mit den Naturgesetzen: Wir müssen sie nicht verstehen und trotzdem spüren wir ständig ihre Wirkung.

Schwarmverhalten

Leider ist nichts dergleichen bekannt und überprüfbar – einmal abgesehen von den bekannten Naturgesetzen, wie die Physik sie uns lehrt. Wie ein Schwarm auf seine Mitglieder wirkt, ist nur teilweise ermittelt. Natürlich ist es richtig, die lokale Steuerung zu beachten. Durch seine Sinne nimmt das Individuum seine direkte Umgebung wahr und trifft Entscheidungen, die den Schwarm und seine Umgebung verändern. Gängige Lehrmeinung ist, das der Schwarm immer das Ergebnis des Verhaltens der Schwarmindividuen ist, denen das Bedürfnis innewohnt – gelernt oder angeboren – , sich in dieser Weise zu organisieren. In der Tat ist man in der Lage, etwa Vogel- und Fischschwärme alleine durch lokale Verhaltensregeln recht überzeugend zu simulieren. Das geschieht zum Beispiel in computeranimierten Filmen. Drei Regeln reichen dazu aus:

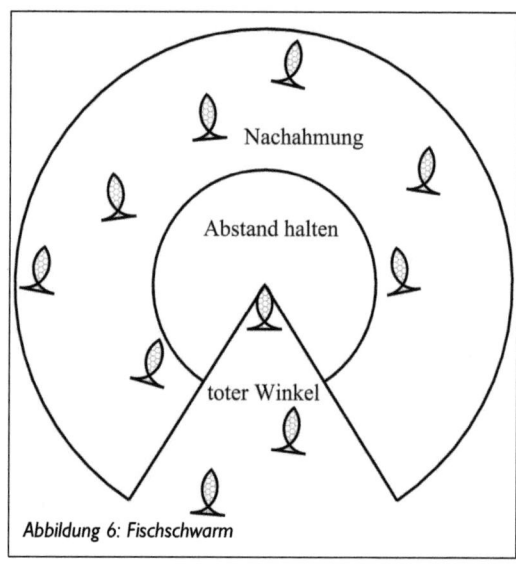

Abbildung 6: Fischschwarm

1. Halte Abstand zu deinen Nachbarn.

2. Folge den Bewegungen der Individuen in deiner Nähe.

3. Bleibe beim Schwarm.

Diese Regeln setzen nur eine lokale Wahrnehmung der Individuen voraus, wie Sehen, Riechen, Hören, Fühlen. Wie verfolgt nun ein

Schwarm Ziele, findet Futterquellen, verteidigt sich gegen Feinde? Die verbreitete Meinung ist, dass einzelne Individuen diese Leistung initiieren und der Schwarm dann folgt. Das wurde bei Fischschwärmen so beobachtet. Aber warum entscheidet der Schwarm in einigen Fällen, dem Ausreißer zu folgen, in anderen Fällen nicht, in denen der Initiator sich nach kurzer Zeit wieder dem Schwarm anschließt? Ob es sich dabei immer um die gleichen Individuen handelt, die initiativ werden, oder ob per Zufall irgendein Fisch erfolgreich eine solche Initiative startet, ist unklar. Anders als etwa bei Wolfsrudeln ist hier kein ausgeprägtes Leittier auszumachen. Es fehlt eine erkennbare Hierarchie oder andersartige feste Organisation. Auch ist ein Schwarm keine feste Größe. Schwärme können sich teilen und vereinigen. Die Individuen des Schwarm können Zug um Zug vollständig ausgetauscht werden, ohne das letzterer seine Gestalt einbüßt. Auch bei Staaten bildenden Insekten ist so etwas zu beobachten.[23]

Andererseits gibt es offenbar so etwas wie ein Schwarmgedächtnis. In Simulationen solcher Schwärme hat eine Gruppe von Biologen [11]beobachtet, dass verschiedene Schwarmformationen aufeinander folgen, je nachdem, wie sich das lokale Verhalten der Fische ändert: Meiden sie die Nähe anderer oder lassen sie größere Nähe zu? Orientieren sie sich an ihren Artgenossen nur in nächster Nachbarschaft oder in einer weiteren Umgebung? Beachten sie die hinter ihnen schwimmenden Fische oder gibt es einen toten Winkel? Wie groß ist der Fehler, den sie bei ihrer Orientierung machen dürfen?[24] Das sind die entscheidenden Einflussfaktoren auf die Form und Bewegung des Schwarms, und für die Position einzelner Fische im Schwarm (siehe Abbildung 6).

Es werden in der erwähnten Simulation vier deutlich unterscheidbare Schwarmformationen beschrieben, die Beobachtungen realer Fischschwärme untermauern. Bei einem lockeren Schwarm verhalten sich die Individuen eher zufällig und bilden eine wolkenartige Formation, die kaum ihren Standort wechselt. Die dynamische Formation ist gekennzeichnet durch vorwiegend gleichgerichtete Bewegungen der Individuen.

---

23 Eine noch extremere „Organisationsform", wenn man sie so nennen mag, vermittelt das Bild einer Flamme. Obwohl diese eine erkennbare Gestalt hat, ist der Durchsatz an Mitgliedern hier extrem hoch und es ist nicht einmal klar abgrenzbar, welches Molekül gerade zur Flamme gehört und welches nicht.
24 Fehler zu machen ist sogar entscheidend für die Schwarmbildung.

Der Schwarm insgesamt verlagert sich dabei mit moderater Geschwindigkeit. Die hochdynamische Formation entwickelt sich, wenn die Individuen sich mit hoher Geschwindigkeit gleichgerichtet bewegen und der Schwarm insgesamt sich ebenfalls sehr schnell bewegt. Eine Besonderheit ist der rotierende Torus, bei dem die Individuen sich schnell im Kreis bewegen, der Schwarm insgesamt sich dabei kaum verlagert. Der Übergang zwischen diesen Formen erfolgt abrupt, obwohl die Individuen ihr Verhalten gleichmäßig ändern. In den Grenzbereichen bewirken dann sehr kleine Verhaltensänderungen die plötzliche Änderung der Formation des Schwarms.

Überraschend ist die Erkenntnis, dass die Form, die ein Schwarm annimmt, auch von seiner Historie abhängt. So folgt in einer typischen Sequenz von Verhaltensänderungen der Individuen auf einen eher ungeordneten, wolkenartigen Schwarm die Form eines rotierenden Torus mit leerem Inneren und dann eine schnell geradeaus schwimmende Formation mit gleichgerichtet schwimmenden Tieren. Durchläuft der Schwarm die Verhaltensänderungen in umgekehrter Folge, folgt auf den gerichteten Schwarm unmittelbar die wolkenartige Formation – der Torus fehlt. Das bedeutet, dass offenbar die vorhergehende Formation des Schwarms mit verantwortet, wie sich der Schwarm entwickelt. So etwas kann man mit Fug und Recht als Gedächtnis des Schwarm bezeichnen, das unabhängig von einem Gedächtnis der Individuen besteht. Seine Formation kann nicht ausschließlich aus dem Verhalten seiner Individuen geschlossen werden, ist also nicht vollständig emergent zu erklären. Interessant ist diese Art von Fisch- und Vogelschwärmen auch aus informationstechnischer Sicht. Sie haben keine Möglichkeit Informationen auf einem externen Medium zu hinterlassen, wie etwa Termiten das mit ihrer Festung tun können. Alle Informationen auf Ebene des Schwarms müssen in ihm selbst, in seiner Formation gespeichert sein. Dieser Selbstbezug macht ihn interessant für alle Modelle, die antreten, Bewusstsein zu erklären.

Die geschilderte Form eines Schwarmgedächtnisses könnte der Grundstein der Evolution sein, auf dem letztendlich intelligentes Verhalten aufbaut. Denn für Letzteres ist nach allgemeiner Auffassung ein Erinnerungsvermögen notwendig. Dieses Gedächtnis liegt hier im Schwarm selbst und repräsentiert nur eine andere Sicht auf ihn. Bei den Staaten bildenden Insekten – etwa den oben herausgehobenen Termiten – liegt das Gedächtnis des Schwarms vor allem in ihren Bauten, ihren markierten Wegen innerhalb der Festung und außerhalb hin zur Nahrung. Eine Termite selbst kann sich vielleicht an wenige Gerüche erinnern, nicht aber an einen Weg. Man kann ihr auch keinerlei komplexe Erinnerung an den Ort einer Nahrungsquelle unterstellen.

Auch unser Gehirn lässt sich als Schwarm unabhängiger Neuronen auffassen. In der Tat ist ein Neuron eine vollständige Zelle, die irgendwann einmal in der Evolution auf selbständige Vorfahren zurückblickt. Sie ist allerdings heute nicht mehr in der Lage, selbst Nahrung zu beschaffen oder Umwelteinflüssen stand zuhalten. Heute weiß man, dass Erinnerung und Antriebe sich nicht in einzelnen Neuronen aufspüren lassen. Allenfalls Hirnregionen lassen sich dazu identifizieren, die ihrerseits aus Milliarden von Neuronen bestehen. Unser Gedächtnis und andere Leistungen liegen irgendwo dazwischen und ergeben sich aus dem Zusammenspiel der vielen Einzelteile.

Evolution und Zufall

Der Augenschein legt nahe, dass ein Schwarm eigene Absichten verfolgen kann. Das ist für unser Gehirn als Schwarm aus Neuronen unbestritten. Schwärme aus Fischen oder Vögeln verfolgen anscheinend Absichten wie Futtersuche, Flucht, Verteidigung. Das Gleiche kann man Staaten von Ameisen und Tierherden unterstellen. Die Frage ist nur: Wie kommt dieses Verhalten zustande? Natürlich hängt das vom lokalen Verhalten der Individuen ab, die egoistisch ihre Grundbedürfnisse befriedigen möchten. Aber dann muss ich fragen, wie genau kommt dies zustande? Nicht alles kann ich naheliegend mit Futtersuche oder Fortpflanzung erklären. Manchmal muss ich ganz schön weit ausholen und komplizierte Argumente konstruieren, um das zu tun. Also haben nur Individuen Absichten? Oder kann tatsächlich auch ein Schwarm eigene Absichten und Ziele entwickeln?

Eigentlich muss man die letzte Frage klar mit Ja beantworten. Das folgt schon daraus, dass möglicherweise so relativ einfache Gebilde wie Fischschwärme ein eigenes Schwarmgedächtnis haben. Die Schwarmform hängt nachprüfbar nicht nur vom momentanen Verhalten der Individuen ab. Dieser Aspekt findet sich wenig in der Literatur wieder. Überwiegende Lehrmeinung ist, ein Fisch findet zufällig eine Futterquelle, bricht aus und der Schwarm folgt. Und diese Beobachtung halte ich für richtig: In der Tat wird es rückblickend immer ein Fisch gewesen sein, der die Initiative ausgelöst hat. Aber warum folgt der Schwarm ausgerechnet diesem Fisch? Ausbrecher gibt es ständig, die meist nach kurzer Zeit schon sich dem Schwarm wieder anschließen. Gibt es so etwas wie ein Auswahlverfahren, das dem Schwarm signalisiert es ist sinnvoll, diesem Fisch zu folgen? War der Schwarm schon vorbereitet auf die Entscheidung, lag eine umfassende Aktion also quasi „in der Luft"?

Die Situation ist so, als würde ich die Position einnehmen, eines meiner Neuronen hätte zufällig eine Idee und mein Gehirn folgt dem Impuls. Wenn ich eine Anregung auf Ebene eines Gehirns zurückverfolge, wird es tatsächlich so sein, dass die Aktivität eines oder weniger Neuronen diesen Zustand ursächlich ausgelöst hat. Nur finden solche Aktivitäten ständig statt. Wie funktioniert eine Selektion solcher Aktionen, die manchmal einen Gedanken, vielleicht eine Handlung zur Folge haben, meistens aber einfaches Rauschen sind. Der Zufall spielt sicher eine außerordentlich wichtige Rolle, und zwar ein fundamentaler Zufall, anders als der von Rechnern meist anhand komplizierter Algorithmen simulierte Zufall. Die andere herausragende Rolle spielt die Auslese.

Die selbe Grundsatzfrage stellt sich insgesamt für die Evolution auf unserer Erde, seit man mit Darwin begann, von der direkten Einflussnahme eines Gottes Abstand zu nehmen. Die unbedingte Absicht eines Einzelnen wurde seitdem abgelöst durch Zufall und Auslese. Wie letztere funktioniert, ist leider auch hier nur lokal erforscht, nicht in einem größeren Zusammenhang. Sperre ich einige Frösche in ein Gehege, in dem Futter nur für die geschicktesten erreichbar ist, dann ist klar, warum einige überleben und andere nicht. Genauso kann ich vergleichsweise kleine Veränderungen im Verhalten und Aussehen von Vögeln eindeutig auf Veränderungen in der Umwelt zurückführen. Verhalten, Aussehen und Fähigkeiten von Tieren und Pflanzen sind immer ein Produkt der Umwelt. Die Grenze zwischen Umgebung und eigenem Körper ist dabei oft nicht klar zu ziehen.

Auslese ist die Rückmeldung der Umgebung[25] auf die Veränderung

---

25 Wenn ich versuche, die Umgebung einzugrenzen, stelle ich schnell fest, dass ich keine scharfe

einzelner Individuen. Mein hypothetisches Wohlfühlpotential im Termitenstaat führt zu Auslese. Es belohnt zielgerichtetes Verhalten und bestraft kontraproduktives Verhalten. Gehe ich den Berg hinauf, werde ich mit Anstrengung bestraft, gehe ich hinab, ist das deutlich angenehmer. Trotzdem steht es mir natürlich frei, den Berg hinauf zugehen. Gravitation ist die Rückmeldung des Universums auf Veränderungen seiner Massen – die Positionen der Galaxien, Sterne, Planeten, Steine, Gase, Tiere, aller Gegenstände fließen unmittelbar in diese Kraft ein. Wenn ich eine Menge von Menschen oder Tieren in hügeligem Gelände beobachte, führt das zu einer Ansammlung in den Tälern und nur wenigen Individuen auf den Bergen. Was ich damit nur sagen will ist, dass selbstverständlich auch physikalische Kräfte für Verhalten und Anpassungen ausschlaggebend sind[26].

Emergenz oder Absicht

Es geht sicher nicht darum, Emergenz grundsätzlich in Frage zu stellen. Selbstverständlich ist es so, dass Verhalten im Großen wesentlich vom Verhalten im Kleinen abhängt und das im Einzelfall auch nachweisbar und simulierbar ist. Die Frage stellt sich, ob diese Beschreibung vollständig sein kann. Es ist auch weniger die Frage, ob Modelle wahr oder falsch sind, sondern ob sie erfolgreich Vorgänge erklären und zukünftige Veränderungen vorhersagen können.

Meine plötzliche Absicht, den Bus noch zu erreichen, geht offenbar aus von meinem Gehirn und hat unmittelbare Auswirkungen auf seine neuronalen Abläufe und meinen Körper. Obwohl im Kleinen immer noch der Zufall mitspielt, ist das im Großen hoffentlich nicht so. Vielleicht findet sich meine „Absicht" in der Auslese der vielen zufälligen Ereignisse wieder. Als unbeirrbarer Verfechter der reinen Emergenz ist die „Absicht" Ergebnis vorangegangener Ereignisse, die von Neuronen zufällig ausgelöst wurden und Teile meines Gehirns in einen Zustand versetzt haben, der diese Absicht repräsentiert: Ich habe die Entscheidung getroffen, diesen Bus zu erreichen und das bleibt so für die nächsten Minuten. Aber offenbar steuert dieser Zustand nun die folgenden

---

Grenze ziehen kann. Die Umgebung ist in letzter Konsequenz immer das gesamte Universum.
26 Für Anhänger der morphogenetischen Felder: Die Gravitation fällt klar in die Kategorie der gestaltgebenden Kräfte.

Ereignisse. Und wir kommen wieder auf die ähnliche Fragestellung: Wie bewirkt dieser Zustand das? Mein emergentes Modell kann das nicht vollständig erklären, weil meine Absicht im Modell nicht vorkommt. Genauso wenig kann ich die Schönheit eines Bildes mit der Physik der Farbpartikel darauf erklären oder erschließt sich ein Buch über die Kenntnis des Alphabets. Die Frage ist also eher, ob ich es zulassen will oder muss, mein Modell um solche Begriffe wie „Absicht" zu erweitern. Wenn ich das tue, müssen diese Dinge irgendwie messbar sein. Nur so kann ich genaue Aussagen machen, wie denn die „Absicht" die Auslese ansonsten zufälliger Ereignisse steuert. Die „Absicht" müsste dann die Wahrscheinlichkeiten dieser Ereignisse systematisch verändern.

In der KI, die immer stärker zur Simulation biologischer Systeme herangezogen wird, ist das keine offene Frage. Wenn mein KI System zum Beispiel eine Optimierungsaufgabe lösen soll, muss ich den Zufall, den meine Software-Agenten produzieren, durch Auslese steuern. Und diese Auslese, obwohl sie lokal wirkt, kommt immer über das Gesamtsystem zustande. Das ist die Rückmeldung, von der im letzten Kapitel immer wieder die Rede ist. Die „Absicht" meines Systems ist die Optimierung eines komplexen Problems, von dem die Agenten keine Ahnung haben. Die sehen nur die Rückmeldung : Daumen 'rauf oder 'runter. Diese Rückmeldung beeinflusst dann in der Tat systematisch die Wahrscheinlichkeit, mit der ein Agent eine bestimmte Aktion ausführt oder nicht. In KI-Simulationen biologischer Systeme – wie etwa Fischschwärmen – fehlt diese Komponente. Ein solcher Schwarm verhält sich so zufällig wie seine Individuen, oder reagiert als direkte Folge lokaler Reaktionen. Er kann niemals agieren, also eigene Ziele verfolgen. Die Ursache-Wirkung Kette verläuft nur in einer Richtung vom Verhalten des Individuums zum Verhalten des Schwarms.

Die Konsequenzen, eine solche zielgerichtete Komponente einzuführen, wären weitreichend. Für Schwärme mag es noch akzeptabel sein, auf der Ebene des Schwarms von absichtlichem oder zielgerichtetem Verhalten zu sprechen, das unabhängig von seinen Individuen besteht. Dann muss ich diesen Begriff aber auch für die Evolution insgesamt zulassen, da ich hier über vergleichbare Prozesse spreche.

Aber all das ist Spekulation. Ich kann die Frage an dieser Stelle nicht beantworten, genauso wenig wie viele andere, die schon ähnliche Argumente vorgebracht und ähnliche Fragen aufgeworfen haben. Um eine zwingende Argumentation aufzubauen brauche ich ein umfassenderes Modell. Der Testfall für ein solches Modell ist herausfordernd: Es muss all das leisten, was erfolgreiche Modelle heute schon können. Und es muss darüber hinaus Erscheinungen erklären und vorhersagen – zum Beispiel Bewusstsein und intelligentes Handeln oder die Absichten eines Schwarms.

Medizin

Dialog S/ W

Die Ärztin Wiebke und der Bestatter Sebastian unterhalten sich am Sarg ihrer ehemaligen Patientin.

S: „Die Verblichene sieht noch sehr gut aus, nicht wahr. Eigentlich viel besser als meine Großtante. Manchmal kann ich nicht verstehen, weshalb so ein gut erhaltener Körper hier tot ist, und andere leben, die in einem viel schlechterem Zustand sind."

W (weiß nicht, ob sie lachen oder sich empören soll): „Das ist in der Tat schwer zu verstehen."

S (lässt nicht locker): „Sie sehen auch noch sehr gut aus. Wissen sie, warum sie leben und die hier nicht mehr?"

W (hat sich für Lachen entschieden): „Danke für das Kompliment aber das geht, glaube ich, ein wenig weit jetzt. Bei der Toten haben die Organe plötzlich versagt. Es war leider unklar, weshalb das geschehen ist. Dazu hat sicher auch eine lang anhaltende seelische Belastung beigetragen."

S: „Dann hat die Seele in ihrer Qual einfach diesen Körper verlassen."

W: „Nein, ich glaube nicht, dass es so etwas wie eine Seele gibt. Ein Körper funktioniert einfach oder funktioniert nicht, wie eine unendlich komplizierte Maschine."

S: „Ich habe einmal ein Fahrrad aus alten Teilen zusammengebaut. Das funktionierte ganz gut – bis es wieder kaputt war. Dann habe ich es repariert und konnte wieder fahren. Bis vor Kurzem, da war es ganz kaputt."

W: „Einen Menschen kann man auch reparieren. Man kann ein Herz ersetzen, oder Nieren, Lunge, Leber, Arme, Beine. Das geht."

S: „Ich habe einmal im Fernsehen einen alten Film gesehen. Da hat ein Arzt einen neuen Menschen aus Toten zusammengesetzt – wie mein Fahrrad. Der hat dann nach einem Blitzschlag auch funktioniert wie ein echter Mensch."

W: „Ach, sie meinen Dr. Frankenstein. Aber so geht das nicht. So etwas ist nicht möglich. Man kann keinen Menschen einfach zusammenbauen, so dass der dann lebt. Das ist reine Fantasie und wird immer Fantasie bleiben."

S (denkt, dass er das jetzt nicht versteht. Hatte sie nicht gerade gesagt, der Körper funktioniere wie eine Maschine?)

Hirn oder Herz

Welche Antwort würden Sie spontan geben auf die Frage, wo Sie ihre Seele, Ihr „Ich" oder ihr Bewusstsein vermuten? Ich würde zunächst auf eine Stelle hinter meinen Augen weisen. Auch meine Gedanken, zumindest die, die mit Bildern verbunden sind, scheinen sich irgendwie hinter meinen Augen abzuspielen. Wenn ich weiter darüber nachdenke, erkenne ich, wie irreführend diese Einschätzung sein muss. Erinnerungen an Geräusche etwa würde ich zwischen meinen Ohren ansiedeln, an Geschmack auf meiner Zunge und an Berührungen jeweils an den entsprechenden Orten auf meinem Körper. Nach längerem Nachdenken müsste ich zu dem Schluss kommen, das ich keinen Ort in meinem Körper benennen kann, an dem ich so etwas wie eine Seele mit Bestimmtheit vermute. Ich könnte aber auch zu dem Schluss kommen, dass dies alles keine medizinischen Begriffe sind und es folglich unsinnig ist, die mit einem Ort irgendwo in meinem Körper zu verbinden.

Gehirn oder Herz galten schon immer je nach Kultur und Zeit als Sitz der menschlichen Seele. Die Dichter des sumerischen Gilgamesch-Epos sahen im Herzen noch ein Symbol für das Gefühl. Die Chinesen betrachteten es außerdem als Sitz des Intellekts. Die griechischen Philosophen verlagerten zumindest die formalen und logischen Erkenntnisfähigkeiten vom Herzen ins Gehirn. Im Mittelalter tauchte das Herz dann als Symbol der christlichen Mystik auf. Die Gläubigen sahen im Herzen Jesu das Symbol für Gottes Liebe zu den Menschen. Der Philosoph und Naturwissenschaftler René Descartes hielt im siebzehnten Jahrhundert Gefühle in der Herzgegend für Täuschungen. Durch ihn und andere veränderten die Menschen im Zeitalter der Aufklärung ihre Betrachtung des Herzens. Bis in die Neuzeit aber wurden die Habsburger so begraben, dass ihr Körper in Wien ohne Herz in der Kapuzinergruft bestattet wurde, während ihre Herzen in einer eigenen „Herzerlgruft" in der Augustinerkirche ruhten.

Heute gilt gemeinhin das Gehirn als Sitz der Seele, des Bewusstseins und des Verstandes. Die Methoden, um etwas über seine Funktionsweise zu lernen, waren bis in die Neuzeit brachial. Schädelöffnungen sind schon in der Steinzeit nachgewiesen, und seit dem Altertum schriftlich dokumentiert. Epilepsie und Schwachsinn waren Krankheiten, die man auf diesem Wege heilen wollte. Das experimentelle Eingriffe oft tödlich endeten, oder bleibende Schäden hinterließen, liegt auf der Hand. Erst seit wenigen Jahren sind wir in der Lage, ohne Risiko für den lebenden Menschen Hirnaktivität sichtbar zu machen. Die Magnetresonanztomographie – kurz MRT – ermöglicht Einblicke in das lebende Hirn. Damit erst lassen sich Zusammenhänge zwischen Hirnaktivität und konkreten Wahrnehmungen, Aktivitäten, Bewusstseinszuständen herzustellen.

Bewusstsein

Bewusstsein als Begriff in der Medizin bezeichnet überwiegend einen Grad menschlicher Aufmerksamkeit und Interaktion mit der Umgebung. Bewusstseinszustände reichen vom Koma bis hin zu höchster, angespannter Aufmerksamkeit[27]. Als Bereich wissenschaftlicher Forschung ist dies ein Teilbereich der Neurowissenschaft. Naturgemäß geht es auch um menschliche Intelligenz und ihren Ursprung im Zusammenspiel von Gehirn[28], Körper und Umgebung. Anhand vom MRT-Aufnahmen kann man Regionen im Gehirn identifizieren, in denen bestimmte Leistungen vollbracht werden. So rufen visuelle Wahrnehmungen erhöhte Aktivität vor allem in den hinteren Bereichen des Gehirns hervor. Das Hören findet offenbar in den Schläfenlappen statt. Auch für assoziative Leistungen – etwa das Gedächtnis – werden spezielle Regionen, u. a. im vorderen Bereich des Gehirns, verantwortlich gemacht. Grundsätzlich handelt es sich bei dieser Lokalisierung aber eher um Heuristiken, da immer mehrere Hirnregionen beteiligt sind. Der eine oder andere hat vielleicht

27 Siehe z.B. Wikipedia http://de.wikipedia.org/wiki/Bewusstsein
28 Siehe z.B. Wikipedia http://de.wikipedia.org/wiki/Gehirn

schon einmal den sensorischen Homunculus[29] (siehe Abbildung 7) gesehen, ein Hirnmännchen mit völlig überdimensionierten Händen, Lippen, Zunge und kleinem schmächtigen Körper. In der Darstellung sind die Körperteile entsprechend ihrer Repräsentation im Gehirn dimensioniert. Es gibt sensorische und motorische Karten, die genau aufzeigen, wo welche Körperteile repräsentiert sind.

Die meisten Informationen werden unbewusst verarbeitet. Wann solche unbewussten Reize ins Bewusstsein gelangen, ist unklar. Bewusste Wahrnehmung lässt sich auch nicht an einen Ort innerhalb des Gehirns binden. Ein Bild, dass meine Augen wahrnehmen, muss mir nicht notwendigerweise auch bewusst sein. Es gibt Tests, mit denen ich den Zeitpunkt des Bewusstwerdens feststellen kann und dann messe, wo Aktivitäten im Hirn in diesem

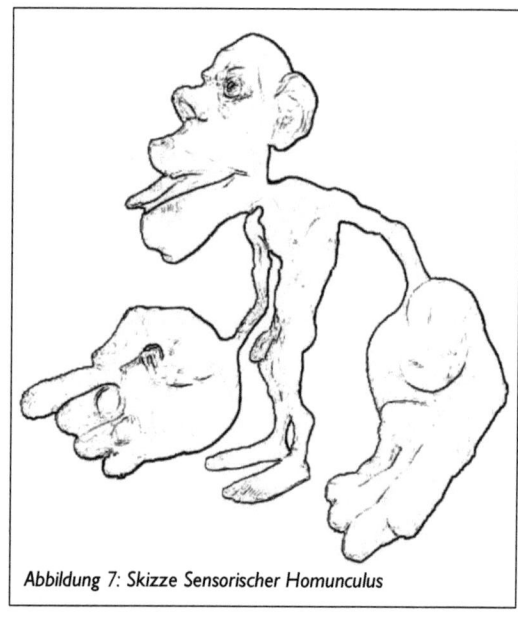

Abbildung 7: Skizze Sensorischer Homunculus

Moment stattfinden. Leider fehlt jeder systematische Zusammenhang. Es gibt keine feste Hirnregion, die immer dann aktiv wird, wenn Wahrnehmungen in unser Bewusstsein dringen. Manche Forscher machen hierfür eine besondere Art von Synapsen verantwortlich, die im ganzen Gehirn verteilt sind.

Ein Ich-Bewusstsein kann auch bei einigen Tieren beobachtet werden. Dazu dient der Spiegeltest, bei dem geprüft wird, ob das Individuum sein eigenes Spiegelbild erkennt, es also nicht als Konkurrent oder Partner behandelt. Interessanterweise bestehen auch Elstern diesen

---

29 Siehe z.B. http://www.turmdersinne.de

Test[30], die eine völlig andere Hirnstruktur aufweisen als wir.

Intelligenz

Erinnerung findet nach derzeitigem Kenntnisstand in der Hirnrinde statt. Nun ist es aber nicht so, dass etwa die Erinnerung an die Goldhochzeit meiner Eltern konkret einem engen Bereich zuzuordnen ist. Bestimmte Erinnerungen können so auch nicht durch einen Eingriff gezielt entfernt werden. Bei Krankheiten oder Verletzungen der Hirnrinde verblassen Erinnerungen mehr oder weniger gleichmäßig. Die Fähigkeit sich zu erinnern leidet insgesamt. Eine Unterscheidung ist allenfalls noch zwischen Kurz- und Langzeitgedächtnis möglich, die durchaus unterschiedlich betroffen sein können. Gedächtnis und Bewusstsein im medizinischen Sinne ist eine Eigenschaft des gesamten Gehirns. Gedächtnis wird oft mit einem Hologramm verglichen: Teile ich eine holografische Abbildung, dann zeigt jedes Fragment wieder das gesamte Bild. Nur ist es unschärfer als das Original und zeigt weniger Details.

Auch ist die Masse des Gehirns kein Merkmal, das auf Intelligenz schließen lässt. Die Entwicklung ist entscheidend. So hat man festgestellt, dass hoch intelligente Kinder anfänglich eine geringere Dicke der Hirnrinde aufweisen als durchschnittlich begabte. Das ändert sich erst im Laufe der weiteren Entwicklung[31]. Die Gehirnmasse nimmt bei Kindern nach einem Höhepunkt leicht ab. Dieser Zeitpunkt bis das maximale Volumen erreicht ist und eine Abnahme zu beobachten ist, verzögert sich bei begabten Kindern. Entscheidend für Intelligenz ist danach die Zeit, die das Gehirn zu seiner Entwicklung hat. Es gibt Vermutungen, der Stirnlappen sei etwa die Schaltzentrale für Intelligenz. Dem widersprechen Erfahrungen nach Verletzungen dieser oder anderer Zentren, wonach vordem offenbar unbeteiligte Hirnbereiche deren Funktion nach kurzer Zeit übernehmen.

Modelle zum Entstehen von Intelligenz und Bewusstsein beziehen oft Schleifen und Rückkopplungen zwischen Hirnregionen und mit Sinnesorganen ein. Der früher immer wieder erwähnte Selbstbezug findet auch

---

30 Siehe z.B. http://www.stern.de/wissen/natur/tiere-elstern-erkennen-sich-im-spiegel-635336.html
31 Siehe z.B. http://www.innovations-report.de/html/berichte/medizin_gesundheit/bericht-57395.html

hier seinen Niederschlag als notwendige Voraussetzung. Ein echter Selbstbezug wird aber nur möglich durch Einbeziehung des gesamten Körpers mit all seinen Sensoren und seiner Motorik. In einem Projekt des Massachusetts Institute of Technology (MIT) soll anhand einer Simulation genau diese These belegt werden. Die Forscher gehen davon aus, dass ein Körper mit Sinnesorganen bei der Entwicklung von Intelligenz unerlässlich ist[32].

Erlebnisse

Eine noch weitreichendere Qualität hat die Frage nach dem Erleben: Wie kommt ein Erlebnis zustande? Wo findet sich eine Absicht wieder? Es ist ja nicht einmal klar, wie man so etwas wie ein Erlebnis so beschreiben kann, dass es nachprüfbar und messbar wird. Das ist dann eine Frage an die Psychologen. Der fehlende Zusammenhang zwischen bewusstem Erleben und neuronalen Funktionen ist das Haupthindernis für die Naturwissenschaften, sich mit der Erscheinung „Bewusstsein" im psychologischen Sinne zu befassen. Die medizinische Wissenschaft argumentiert am liebsten nur in einer Richtung: Neuronen feuern, daraus ergeben sich Erregungszustände ganzer Hirnregionen, daraus entsteht Erleben und Verhalten und dieses wiederum dient den Zielen des Organismus.

Und hier hebt der unbelastete Verstand der Ahnungslosen vorsichtig den Finger, unsicher, ob er einen Einwand wagen darf: Ist es nicht so, dass eher umgekehrt meine Erlebnisse und Ziele mein Verhalten steuern und ich meinen Körper mit vielen seiner Funktionen diesen Zielen unterordne? Und in der Tat ist wissenschaftlich ja durchaus akzeptiert, dass die Psyche entscheidenden Einfluss auf organische Systeme unseres Körpers ausübt.

---

32 Siehe z.B. http://www.ai.mit.edu/projects/humanoid-robotics-group/cog/overview.html

Philosophie und Psychologie

Dialog S/ W

Die begeisterte Gamerin Walli lässt sich beim Schützenfest auf ein Gespräch mit dem Landwirt Siggi ein:

S:„Na Kleine, siehst ein bisschen blass aus. Hast wieder tagelang vor deiner Kiste gehockt und die Zeit totgeschlagen?"

W: „Findest du es besser, auf dem Schützenfest und in Kneipen 'rum zu hocken und zu saufen?"

S: „Jedenfalls ist das die richtige Welt. Die kann ich anfassen und habe echte gute Gespräche mit Nachbarn. Und ich weiß jedenfalls, was um mich herum vorgeht."

W: „Meine Welt ist genauso richtig wie deine, nur eben anders. Die Leute dort saufen nicht, halten sich an Regeln und da gibt es echt starke Typen. Und dabei lerne ich bestimmt mehr als du bei deinen Kneipengesprächen."

S: „Wer bist du denn eigentlich? Ich habe einen Beruf gelernt, führe einen Hof mit Maschinen, Vieh, Getreide, kann mir ein großes Auto leisten und habe Familie. "

W: „Wir können uns gerne mal in den Östlichen Königreichen[33] treffen. Da bin ich Hexenmeisterin im höchsten Level mit einem Haufen Ehrepunkten und Schlachtfeldmarken. Da würdest du eine ziemlich bescheuerte Figur abgeben. Da bist du ein Niemand."

S (schüttelt den Kopf und bestellt ein Bier)

Bewusstsein oder Selbstbewusstsein hat mit dem Bild meiner selbst zu tun. Wie bei jedem Bild unterstreicht der Rahmen das Kunstwerk. Sollte ich die Faktoren meines Selbstbewusstseins beschreiben, müsste ich auf meine Entwicklung hinweisen, meine Fähigkeiten, Ausbildung, Erfolge, Aussehen, Körper. Meine Errungenschaften und Besitztümer gehören irgendwie dazu. Meine Familie, Frau, Kinder, Ahnen prägen eben-

---

33 Das ist ein virtueller Kontinent im Internetspiel „World of Warcraft"

so untrennbar das Bild meiner selbst. Und dazu gehört meine innere Welt, die Welt meiner Gedanken und geheimen Antriebe. Mein Selbstbewusstsein ist das Produkt dieser Faktoren und umgekehrt sind viele dieser Faktoren auf mein Selbstbewusstsein zurückzuführen: Ein Teufelskreis.

Bewusstsein

Ich selbst besitze Bewusstsein – „cogito, ergo sum".[34] Das ist alles was ich mit Bestimmtheit weiß, weil ich es täglich erlebe. Ich kann es anderen mitteilen und hoffen, dass sie mir glauben. Beweisen kann ich es nicht.

Ich könnte folgende unangreifbare These vertreten: Nur ich besitze Bewusstsein. Alles andere ist bewusstlose Materie, die ich beeinflussen kann oder nicht, die meine Absichten unterstützt oder behindert, oder die mir egal ist. Es gibt keinerlei objektiv messbares Kriterium, mit dem ich von außen direkt auf Bewusstsein schließen könnte.

Diese Behauptung lässt sich naturwissenschaftlich nicht widerlegen. Es gibt nur Indizien, die diese Position in Frage stellen. Ich kann meinen Körper beobachten und feststellen, dass ich seine Materie direkt beeinflussen kann. Mein Körper verursacht Veränderungen in meiner Umwelt. Ich kann feststellen, dass andere Materieklumpen ähnliche Wirkungen erzielen, ähnlich aussehen, sich ähnlich verhalten wie mein Körper. Daraus kann ich schließen, dass sich dahinter etwas verbirgt, das ähnlich empfindet wie ich, eine eigene innere Welt besitzt und über Bewusstsein verfügt. Aber das kann ein Trugschluss sein. Ist mein Empfinden, dass ich existiere, überhaupt an diesen Körper gebunden? Und wäre es andernfalls überhaupt sinnvoll, von mehreren Bewusstseinsinstanzen zu sprechen? Vielleicht gibt es in der Tat nur mein Bewusstsein. Die Frage wird seit Jahrtausenden rege diskutiert, ob Körper und Seele eins sind oder zwei unabhängige Erscheinungen darstellen.

Ich kenne meine innere Welt und beobachte meine äußere Welt. Jeder Beobachter kann gleichberechtigt und unwiderlegbar behaupten, im Zentrum des Universums zu ruhen und nur alleine über seine innere

---

34 Das Zitat „ich denke, also bin ich" geht auf Descartes zurück.

Welt zu verfügen. Dies ist ein Prinzip und drückt die Relativität meiner Existenz aus.

Auf Platon[35] geht ein Zitat zurück „Unser Ich ist in seiner eigenen Wahrnehmung gefangen. Kein Entrinnen ist möglich, kein Ausbruch aus den Schatten unserer Wahrnehmung, die unser Ich wie in ein Gefängnis einmauern.". Für Platon bestand die eigentliche Realität in ewigen, zeitlosen Wahrheiten sowie den "Ideen" in einem transzendenten Ideenhimmel. Die wahrgenommene Welt ist nur eine vorübergehende Erscheinung, ein schlechtes Abbild dieser Ideen. Sein physikalisches Weltbild erläutert Platon in erster Linie im Timaios[12]. Dort beschreibt er „Zeit" als "ein in Zahlen fortschreitendes ewiges Abbild der in dem Einen verharrenden Ewigkeit" (Kap.10; 37d). Interessanterweise ist Zeit bei Platon auch nicht ewig.

Mit dem ersten Zitat ist folgendes gemeint: Wenn ich einen Baum wahrnehme, bin ich auf die Informationen angewiesen, die meine Sinnesorgane mir liefern. Dabei spielt eine Rolle, wie der Baum das Licht auf meine Augen reflektiert, das Abbild auf meiner Netzhaut, die Rasterung in elektrische Impulse durch den Sehnerv und die Assoziation zu einem Begriff „Baum", die das Ganze in meinem Gehirn auslöst. Nichts davon kommt auch nur in die Nähe eines wirklichen Baumes. Folgerichtig sagen wir, wenn wir ein Papierbild mit seinem Abbild in Händen halten „Das ist ein Baum", weil dieses bunte Stück Papier oder Glas die gleiche Assoziation auslöst. Die Vorstellung, dass sich dort ein Baum befindet ist natürlich albern. Tatsächlich verstehen wir nur einen kleinen Teil dessen, was einen Baum ausmacht. Wir können offensichtliche Eigenschaften beschreiben, kennen teilweise die chemischen Abläufe, die ihn leben und wachsen lassen, können teilweise seine Reaktion auf Veränderungen der Umwelt vorhersagen. Was Platon meint ist, wir werden niemals verstehen können, was ein Baum wirklich ist, wer er ist. Ich denke, der Gedankengang ist leicht nachvollziehbar. Aber vielleicht ist es ja nicht so schlimm und Fortschritte sind doch noch möglich.

„Das Phänomen des Bewusstseins zählt zu den größten ungelösten Fragen von Philosophie und Naturwissenschaft überhaupt. Aus naturwissenschaftlicher Sicht lautet sie, wie es prinzipiell möglich sein kann, dass aus einer bestimmten Anordnung und Dynamik von Materie

---

35 ca. 428 – 348 v. Chr. Siehe z.B. Wikipedia http://de.wikipedia.org/wiki/Platon

ein Bewusstsein, wie es der Mensch an sich erlebt, entsteht. Selbst eine lückenlose Aufklärung sämtlicher physiologischer Gehirnprozesse scheint diese Frage nicht beantworten zu können"[36]. Vielleicht ist die Frage schon falsch gestellt. Sie unterstellt, dass Bewusstsein aus der Ordnung von Materie erst entsteht. Für diese Vorstellung gibt es aber keinen zwingenden Grund.

Mit Bewusstsein wird meist das „Wissen um das eigene Sein" verbunden. Dieses Wissen scheint nach heutigem Stand nicht nur Menschen vorbehalten zu sein. Psychologen nutzen den bereits erwähnten Spiegeltest[37], um festzustellen, ob ein Tier in der Lage ist, sein Spiegelbild als Abbild seiner selbst wahrzunehmen. Menschen, Elefanten, Affen, Wale, Elstern bestehen diesen Test – Kleinkinder unter 2 Jahren schaffen das noch nicht. Diese Selbstbezüglichkeit von Bewusstsein spielt auch in der Philosophie eine zentrale Rolle.

Was Intelligenz und Bewusstsein in Innern ausmacht, ist letztendlich nicht mess- oder beobachtbar. Die Unterscheidung zwischen intelligent und nicht-intelligent, zwischen bewusst und unbewusst lässt sich von außen nur durch beobachtbares Verhalten beurteilen. Ich weiß, dass ich selbst über Bewusstsein verfüge. Dass dies für meinen Nachbarn gilt, kann ich nur aufgrund äußerer Merkmale und aus seinem Verhalten schließen.

Verhalten

Die Psychologie war ursprünglich als die Wissenschaft vom Bewusstsein definiert. Bis in die 50er Jahre wurde sie dann eher als Wissenschaft vom Verhalten beschrieben. Heute ist Psychologie die Wissenschaft von Verhalten und Erleben und hat Bewusstsein wieder hoffähig gemacht. Einen entscheidenden Einfluss auf diese Entwicklung hatte die Möglichkeit, mentale Prozesse nun auf Computern zu simulieren.

Psychologen beurteilen Intelligenz und Bewusstseinszustände durch Tests. Deren Analysemethodik stützt sich auf Aufgaben- und Fragekataloge, deren Lösungen zur Bewertung des psychischen Zustandes oder Grades von Intelligenz herangezogen werden. IQ-Tests und Intelligenz-

---

36 Siehe z.b. Wikipedia http://de.wikipedia.org/wiki/bewusstsein/
37 Siehe z.b. Wikipedia http://de.wikipedia.org/wiki/Spiegeltest/

Leistungstests sind bekannte Vertreter der Gattung. Genauso funktionieren psychologische Tests zum geistigen Zustand und zur Diagnose psychischer Erkrankungen. Immer wird unterstellt, dass die Lösung einer ausgewählten Liste von Aufgaben Aufschluss geben kann über den inneren Bewusstseinszustand eines Individuums. Wie dieser Zustand selbst zu beschreiben ist, ist unklar und Gegenstand reger Diskussionen.

Die Psychologie des Verhaltens ist der Zweig, der den Methoden der Naturwissenschaften am nächsten kommt. Er beschäftigt sich ausschließlich mit beobachtbaren Fakten: Ein Tier wird mit der Aufgabe konfrontiert, an sein Futter zu gelangen. Dazu wird es seinen Wahrnehmungsapparat einsetzen, um die Situation zu erfassen und dann auf Basis der wahrgenommenen Fakten entscheiden, wie zu handeln ist. Situation, Aufgabenstellung und Entscheidungen sind objektiv beobachtbar und messbar. Solche Verhaltensmuster machen Intelligenz aus. Man ist heute überzeugt, dass intelligentes Verhalten im Zusammenspiel zwischen Gehirn, Körper und Umgebung entsteht. Aus psychologischer Sicht muss man dann aber auch hinterfragen, ob sich Bewusstsein nur auf das Gehirn beschränken lässt. Schließlich gilt Intelligenz als Voraussetzung für dieses Phänomen.

Verhalten ist geprägt von Wahrnehmungen und Entscheidungen. Unter einer Entscheidung verstehe ich die Festlegung auf eine von mehreren Möglichkeiten zu handeln. Entscheidungen werden getroffen, um der Lösung einer gestellten Aufgabe näher zu kommen. Die Aufgabe kann zum Beispiel heißen „ich möchte mich besser fühlen" oder „ich möchte trinken" oder „ich muss fliehen" oder „ich soll eine bestimmte Frage beantworten".

Angenommen ich stelle einem Gesprächspartner eine Frage. Im Allgemeinen erwarte ich darauf eine aus einer Reihe von möglichen Antworten. Ich kann aber nicht mit Sicherheit sagen, wie sie ausfällt, da ich mir die Frage sonst hätte sparen können. Vielleicht kann ich noch Wahrscheinlichkeiten für jede der erwarteten oder möglichen Antworten angeben. Sobald mein Partner seine Entscheidung für eine davon getroffen hat, ist die Unsicherheit vorbei. Er gibt eine Antwort und stelle ich die gleiche Frage unmittelbar noch einmal, werde ich fast mit Sicherheit die gleiche Antwort bekommen, abgesehen vielleicht von der genauen Formulierung.

Die Frage könnte zum Beispiel lauten „Wie geht es Dir?". Erwartete Antworten darauf sind aus meiner Sicht etwa (A)„Gut", (B)„Schlecht", (C)„Gut, wie geht es Dir?" oder (D)„Schlecht" + Biographie und Krankengeschichte. Wenn ich meinen Gesprächspartner kenne und sein augenblickliches Erscheinungsbild sehe, erwarte ich vielleicht die Antwort (A) oder (C), weniger (B) und kaum (D), weil ich soviel Zeit dann nicht habe und es so genau auch nicht wissen will. Eigentlich interessieren mich nur (A) und (B) und damit ordne ich (C) der Antwort (A) und (D) der Antwort (B) zu. In diesem Sinne lässt die Frage nur zwei Antworten zu. Ich erwarte also, dass er zu 70% mit (A) antwortet, und zu 30% mit (B). Sobald ich die Frage stelle, wird mein Gegenüber kurz nachdenken, eine Entscheidung treffen und „Gut" sagen. Stelle ich die gleiche Frage noch einmal, wird er vermutlich sofort mit „Gut" antworten, vielleicht noch verbunden mit der Gegenfrage nach meinem Befinden. Höchst wahrscheinlich wird er aber nicht mit „Schlecht" antworten. Bei meiner zweiten Frage kann ich also mit annähernd 100% davon ausgehen, dass er „Gut" sagt.

Was ist nun hier geschehen? Die Frage mutet zunächst belanglos und merkwürdig an: Hat sich die Wahrscheinlichkeit für (A) durch meine Frage geändert, war sie also vorher 70% und nachher 100%? Oder war sie vorher schon 100% für (A) und dies entzog sich nur meiner Kenntnis. Wusste mein Gegenüber die Antwort schon bevor ich die Frage gestellt habe, oder ist die Antwort erst nach meiner Frage in seinem Bewusstsein entstanden? In diesem einfachen Beispiel hätte es sein können, dass mein Partner die Frage schon erwartete, als er mich sah und und die Antwort schon vorlag, als ich dann tatsächlich fragte. Das ändert aber nichts an der Problemstellung an sich. Sie würde sich nur in eine Art vorheriges Selbstgespräch meines Partners verlagern.

Ich könnte nun die Problematik erweitern und überlegen, ob ein Mensch auf jede erdenkliche Frage schon eine Antwort hat, die er mit Sicherheit gibt. Das ist natürlich Unsinn, selbst wenn ich mich auf einen festen Zeitpunkt beziehe und damit ausschließe, dass die Person Meinungen ändern kann. Wir wissen, dass unser Gehirn nicht wie eine Datenbank funktioniert. Wir müssen davon ausgehen, dass Lösungen erst dann entstehen, wenn ein Problem vorliegt. Ich muss in obigem Beispiel also davon ausgehen, dass meine Frage den Bewusstseinszustand meines

Gesprächspartners tatsächlich verändert hat. Meine Frage hat ihn quasi gezwungen, einen Prozess in Gang zu setzen, an dessen Ende eine Antwort steht. Wie dieser Prozess aussieht, über welche gedanklichen Umwege er abgelaufen ist, ist dabei belanglos und entzieht sich meiner Einsicht. Nur das Ergebnis zählt: Der Bewusstseinszustand meines Partners hat sich so verändert, dass er danach sicher mit einer bestimmten Antwort auf meine Frage aufwartet.

Ich kann meinen Gesprächspartner aber auch veranlassen, diese Antwort zu vergessen. Dazu muss ich ihn für eine Weile ablenken, etwa indem ich eine andere Frage stelle, die mit der ersten nichts zu tun hat. Angenommen er fotografiert gerne, dann kann ich mich nach den Möglichkeiten seiner neuen Kamera erkundigen und mir die erklären lassen. Frage ich ihn danach noch einmal nach seinem Wohlbefinden, kann die Antwort durchaus anders ausfallen.

Die Situation ist übrigens grundlegend anders, wenn ich übliche Verfahren in der KI betrachte. Auf Computern erstellte und trainierte Neuronale Netze sollen Hirnfunktionen simulieren. Die typischen Vertreter dieser Netze geben auf eine Problemstellung immer genau definierte Antworten. Wenn ich hier von einer Lösung überrascht werde, liegt das immer an meiner Unkenntnis über den prinzipiell bekannten Zustand des Netzes.

Dieser Aspekt der Zustandsänderung eines Systems, indem ich es mit einer Aufgabe unter Zugzwang setze, wird später noch wichtig, wenn ich Parallelen ziehe mit dem Messproblem in der Quantenmechanik. Dort hat nämlich die vergleichbare Fragestellung gravierende Auswirkungen auf die Anwendung der Theorie. Und es lässt sich mit einem statistischen Test eindeutig nachweisen, dass der eindeutige Zustand eines quantenhaften Teilchens erst durch meine Messung festgelegt wird, und nicht schon vorher ohne mein Wissen bestand. Und auch dort kann ich das Teilchen auf vergleichbare Weise veranlassen, seinen definitiven Zustand wieder zu vergessen.

Zeit und Symmetrien

Bewusstsein und Intelligenz muss ich streng trennen, obwohl offenbar das erste ohne das zweite kaum denkbar erscheint. Eigentlich muss ich alles Materielle abtrennen und gesondert betrachten. Dazu zählt mein Gedächtnis und meine Wahrnehmung. Was bleibt dann noch von mir? Ohne Erinnerung und ohne Wahrnehmung ist vielleicht nichts mehr übrig. Wie steht's mit der Logik, der Möglichkeit Schlüsse zu ziehen, Fakten zu verknüpfen. Mathematik ist etwas, das ohne realen Bezug existieren kann, pure Logik. Ein Autist kann ein hervorragender Mathematiker sein, nur mit seiner inneren Welt befasst. Also bleibt vielleicht doch etwas übrig – ein Funke – ich bin. Was ist persönliche Erinnerung anderes als logisches Schließen aus dem inneren Zustand meines Gehirns auf Vergangenheit? Auch aus äußeren Fakten kann ich Schlüsse ziehen auf vergangene Ereignisse. Mein Gedächtnis ist nicht nur mein Gehirn, auch Bilder, Fotografien, mein Körper, meine Umgebung, meine Familie, mein Haus, meine Stadt, mein Land ist teil meines Gedächtnisses, das allerdings auch anderen zugänglich ist.

Hat Bewusstsein im Kern mit Logik zu tun?

Eine Analogie aus der Künstlichen Intelligenz würde hier passen: Wenn ich meine Software Agenten von ihrem Gedächtnis – dem schwarzen Brett – entblöße, bleibt die Programmlogik. Der Agent wäre nicht mehr in der Lage, irgendetwas Sinnvolles zu tun. Trotzdem hat er noch das Potential dazu in Form des Programms. Er könnte sich nur noch mit sich selbst beschäftigen, etwa seine Programmlogik betrachten und Schlüsse ziehen, wenn denn sein Programmierer ihn dazu in die Lage versetzt hätte.

Bewusstsein erfordert den Selbstbezug. Hat etwa Bewusstsein mit Logik zu tun, die in der Lage ist sich selbst zu betrachten? Schlüsse aus dem Zustand dieser Logik zu ziehen und diese Logik zu verändern? Worauf könnte solche Logik denn aufbauen, wenn nichts Materielles zugrunde liegt, wenn Raum und Zeit keine Bedeutung haben?

Logik ist Mathematik. Mathematik kann mit Symmetrien umgehen, sie beschreiben, verknüpfen, Neues formen. Alleine aus der Erkenntnis „ich bin" kann ich fordern, es gibt noch jemand anderes, oder auch noch jemanden, und so weiter. Ich bin schnell in der Lage, eine Idee von ganzen Zahlen zu entwickeln. Letztendlich kann Mathematik ohne realen Bezug gigantische Gebäude aus Logik entwickeln, eine eigene Welt, die tausende Bücher füllt. Erstaunlich und im Kern unerklärlich ist, dass diese Gebäude tatsächlich unsere Realität beschreiben können. Es ist sogar so, dass anfänglich offenbar zweckfrei entwickelte Modelle nach vielen Jahren, Jahrzehnten, Jahrhunderten eine herausragende Anwendung in den Naturwissenschaften finden. Das trifft zum Beispiel für die komplexen Zahlen zu, die nach ihrer Einführung im 16. Jahrhundert erst seit dem 20. Jahrhundert in der Quantenmechanik eine herausragende Anwendung finden. Die komplexe Einheit i geht auf Cardano[38] zurück und ergab sich damals aus der eher philosophischen Fragestellung einiger Mathematiker, warum es keine Zahl gibt, die mit sich selbst multipliziert -1 ergibt. Quadrate normaler Zahlen sind halt immer positiv. Man erfand dazu einfach eine „imaginäre" Zahl i, die $i * i = -1$ erfüllen sollte. Und tatsächlich lässt sich damit widerspruchsfrei rechnen, auch ohne jeden realen Bezug. Tatsächlich ist dies eines der großen Rätsel der Physik: Weshalb verhält die Welt sich logisch?

Symmetrien üben einen seltsamen Reiz aus. Ich kann Symmetrie herstellen indem ich ein regelmäßiges Muster auf ein Stück Papier bringe oder eine Tischdecke blütenweiß wasche. Ich kann Symmetrien brechen, indem ich das Muster störe, oder Marmelade auf die Tischdecke kleckere. Beides hat seinen Reiz. Eine perfekte Kugel oder ein Würfel sind schöne Objekte weil sie symmetrisch sind. Ein Kristall, eine Schneeflocke werden als schön empfunden wegen ihrer Symmetrie. Ein Gesicht ist schön, wenn es symmetrisch ist. Selbst wenn wir die genauen Eigenschaften nicht formulieren können, die Symmetrie im Einzelfall ausmachen, haben wir so etwas wie einen sechsten Sinn für Regelmäßigkeiten, der spontan feststellen kann, da stimmt etwas nicht, bevor wir formulieren können, was das denn ist.

Zeit hat mit Bewusstsein zu tun. Umstritten unter Philosophen ist, ob Zeit ohne Bewusstsein existieren kann. Es handelt sich hier um eine individuell erlebte Zeit. Dieser Zeitbegriff hat nichts mit dem physikalischen Begriff zu tun. Zeit ist hier eine Abfolge von Erlebnissen und von einem zum anderen Beobachter nicht vergleichbar. Ein Kind erlebt ein Jahr als eine Ewigkeit, vielleicht so, wie ein älterer Mensch 10 Jahre empfindet. Kann es Zeit geben, ohne dass irgendjemand sie erlebt? Kann es überhaupt Realität geben, ohne dass jemand sie wahrnimmt?

---

38 **Gerolamo Cardano** 1501-1576 siehe z.B. Wikipedia
http://de.wikipedia.org/wiki/Gerolamo_Cardano

Ein Kind liegt im Gras und betrachtet den wolkenverhangenen Himmel. Was sieht es? Was nimmt es wahr? Was wird es erzählen? In welcher Reihenfolge?

Jemand liegt entspannt in einem abgedunkelten Zimmer und betrachtet das schwach beleuchtete Bild eines dunstig wolkenverhangenen Himmels an der Decke. Kein Hunger, kein Durst, keine Ablenkung, nur das Bild ist da, unveränderlich, vorhin, jetzt, gleich, Zeit spielt keine Rolle, niemand wartet.

• Das Bild, Symmetrie in grau, Ausdehnung spielt keine Rolle, grau ist grau, ob nah oder fern, ob groß oder klein, ob links oder rechts.

• Strukturen, keine perfekte Symmetrie, eine Ahnung von Gegenständen, wie wär's mit einem Schaf unten rechts?

• Strukturen schärfen, was gehört dazu, was nicht, Unnötiges vergessen

• Suche nach ähnlichen Strukturen: Waren da nicht noch weitere Schafe? Das erscheint logisch. Symmetrie ist herzustellen, ein Sinn für Anordnung und Abstand entsteht.

• Strukturen schärfen, was gehört dazu, was nicht, Unnötiges vergessen

• Suche nach anderen Strukturen, Symmetrie brechen: War da nicht ein Schäfer?

• Strukturen schärfen, was gehört dazu, was nicht, Unnötiges vergessen

• Doch kein Schäfer, Muster vergessen, Erkennung zurücksetzen

• ...

• Das Bild ist klar und und in gewissem Sinne vollständig: Schafherde, 2 Hunde, Schäfer (an anderer Stelle als anfangs; mittlerweile hat sich der Beobachter mit dem Schäfer identifiziert, betrachtet die Szene aus dessen Perspektive und ist zutiefst überzeugt, dieser Schäfer zu sein.)

• An dieser Stelle lässt das Interesse nach. Die Person wird schlafen oder verlässt den Raum, sucht neue Aufgaben, Vergangenes bleibt

Erinnerung,Zeit ist vergangen, unumkehrbar als Abfolge von Ereignissen.

- Das Bild, Symmetrie in grau, ist da, unveränderlich, vorhin, jetzt, gleich, Zeit spielt keine Rolle.

Was existiert: Schäfer, Schafherde, indifferentes Grau? Existiert Zeit? Existiert die Wiese nach der Szene mit einem Schäfer oder schon vorher? Die Fragen sind sinnlos vom Standpunkt des Bildes aus!

Bewusstsein, aus Logik und Neugierde, strebt nach Vollständigkeit und Symmetrie.

- Ein weißes Blatt Papier – vollkommene Symmetrie, ohne Information.

- Halt! Vielleicht gibt es noch ein Blatt? Die Logik bricht die Symmetrie.

- Ein zweites Blatt, dann ein drittes, ein viertes kommen hinzu. Zählen „1-2-3-4"ohne Begrenzung erzeugt ganze Zahlen nur aus Logik, stellt Symmetrie her.

- Addition liegt nahe, bricht Symmetrie.

- Die Null und negative Zahlen vervollständigen das Bild, stellen Symmetrie her.

- Multiplikation ... rationale Zahlen ... reelle Zahlen ... komplexe Zahlen ... Zahlentheorie ...

- Mathematik füllt Bände

- Das Blatt Papier ist immer noch weiß, Zahlen sind nur Erinnerung, reine Logik, füllen Bücher.

Physik

Für normal veranlagte Menschen ist das alles schwer zu begreifen. Und das liegt nicht nur an den vielen Formeln und der schwierigen Mathematik. Physik scheint etwas zu sein, das im Weltraum und im Labor stattfindet. Physiker sind mit ihrer merkwürdigen Sprache und geheimnisvollen Begriffen ungemein respekteinflößend.

Dialog S / W

Lauschen wir einmal einem Dialog beim zufälligen Treffen im Café zwischen der gestandenen Physikerin Waltraud und dem Sozialpädagogen Stefan.

S: „Hallo W. , lange nicht gesehen, was machst du so?"

W: „Ich habe Physik studiert und arbeite gerade an meiner Promotion."

S: „Oh, du warst ja schon immer gut in Mathe. Leider habe ich keine Ahnung von all dem Zeug. Physik findet doch nur im Labor und im Weltraum statt."

W: „Das stimmt so sicher nicht. Alles um dich herum hat mit Physik zu tun. Du stehst also mitten drin, ob du willst oder nicht."

S: „Stimmt, ich habe mal von einem Apfel gehört, der nicht weit vom Stamm fiel und ein Physiker hat daraus die Planetenbahnen berechnet."

W (lacht): „Du meinst sicher die Anekdote über Isaac Newton, einen britischen Physiker im 17. Jahrhundert. Der hat der Legende nach brillant kombiniert, dass ein fallender Apfel den gleichen Gesetzen gehorcht, die auch die Planeten auf ihren Bahnen halten. Eigentlich hatte sein Assistent Robert Hooke die Idee. Aber genau das ist Physik: Sehr genau beobachten, Zusammenhänge aufdecken, Berechnungen anstellen und so etwas wie den fallenden Apfel und die genauen Bahnen von Planeten vorherzusagen. Die richtig großen Wissenschaftler haben dazu immer vorgefasste Meinungen in Frage gestellt und grundlegende Sichtweisen auf die Natur verändert."

S: „Können Physiker denn alles berechnen und vorhersagen?"

W: „Im Prinzip ist das so. Meistens ist es in der Praxis aber zu kompliziert. Wenn ich die Ausgangslage genau kenne und beschreiben kann, dann kann ich im Prinzip auch das Wetter exakt vorhersagen. Dazu müsste ich aber wissen, wo jedes einzelne Atom in unserer Atmosphäre oder sogar im Universum sich befindet und wie es sich bewegt. Das geht natürlich nicht."

S: „Ist dann die Zukunft aber im Prinzip vollständig vorherbestimmt? Das wäre doch schrecklich. Dann wäre es egal, was ich mache. Ich könnte die Zukunft nicht ändern. Das leuchtet mir nicht ein. Damit kann die Physik nicht richtig liegen. Da stimmt doch etwas mit euren Theorien nicht!?"

W: „Hm – ja. Das ist tatsächlich nicht ganz klar und wird rege diskutiert. Tatsächlich gibt es zwei fundamentale Theorien in der Physik. Für alles was du sehen und anfassen kannst, bis hin zu Sternen und Galaxien ist die Allgemeine Relativitätstheorie von Albert Einstein zuständig. Von dem hast du sicher schon gehört. Solange du auf der Erde bleibst und dich nicht zu schnell bewegst, kommst du aber auch mit der viel einfacheren Theorie von Isaac Newton sehr gut zurecht. Das ist das, was du vielleicht noch vage aus der Schule in Erinnerung hast. In den Modellen spielt tatsächlich der Zufall keine Rolle. Alles ist genau voraus berechenbar. Einstein hat einmal gesagt „Gott würfelt nicht" und diese Einschätzung damit noch einmal bekräftigt."

S: „Interessant, und was ist die andere Theorie? Behauptet die dann das Gegenteil von all dem? Dann könnt ihr euch ja jeweils aussuchen, was ihr rechnet. Wenn das eine Ergebnis nicht passt, nehmt ihr halt das andere, oder mischt die geschickt zusammen, bis das Resultat stimmt."

W: „Da wirst du jetzt aber unsachlich. Nein, die Modelle sind klar abgegrenzt – meistens jedenfalls für alle praktischen Belange. Für alles Große ist die Relativitätstheorie zuständig, für alles Kleine in der Größe von Atomen und darunter ist die Quantenmechanik verantwortlich. Das ist die Faustregel."

S: „Na ja, das nenne ich nicht unbedingt klar. Kennst du das Lied von dieser Kölner Band – heißt was mit 'Relativ' im Titel – und geht etwa so: '... ich bin relativ groß verglichen mit 'nem Kieselstein, aber neben einem Fels bin ich relativ klein ... ' . "

W: „Ja du hast sicher Recht. Es gibt natürlich Situationen, in denen man irgendwie die beiden zusammenbringen muss."

S: „Aber was sagt denn diese andere Theorie nun aus?"

W: „Die Quantenmechanik ist ziemlich abstrakt und beschreibt das Verhalten kleiner Teilchen. Die benehmen sich nämlich im Experiment meistens völlig zufällig und sprunghaft. Das lässt sich mit der Relativitätstheorie nicht erklären."

S: „Aha, könnte man vielleicht auch sagen, für alles Zufällige und Sprunghafte ist die Quantenmechanik zuständig? Das wäre eine Abgrenzung, die ich als Laie besser verstehen könnte als die Größe."

W (fühlt sich jetzt ein wenig unwohl bei der Antwort): „Ja, ich denke das wäre vielleicht möglich. Aber es gibt Zufall und Zufall. Der eine ist echter Zufall. Den gibt es nur in der Quantenmechanik. Der andere ist Zufall aus Unwissenheit. Nur weil ich nicht weiß, dass sich über mir ein Schneebrett gelöst hat, überrascht mich die Lawine. Das ist subjektiver Zufall, weil ich es ja im Prinzip wissen könnte."

S: „Ja, das verstehe ich. Ich möchte noch einmal zurückkommen auf unseren Ausgangspunkt. Ich hatte gesagt, Physik ist etwas für's Labor. Wenn ich einen Apfel fallen sehe, dann fällt der zickzack durch's Geäst, oder wird von einer Windbö erfasst, oder ich fange ihn auf. Was ich damit sagen will ist, in meiner täglichen Erfahrung verläuft so was immer unregelmäßig, plötzlich und zufällig und nicht so schön berechenbar wie in der Schule im Physiklabor. Deswegen kam ich darauf."

W: „Ja aber mit den bekannten Gesetzen der Physik kann ich im Prinzip auch den Zickzack-Kurs und die Windbö ziemlich genau erfassen und den Weg berechnen. Allerdings werde ich das bei den ganzen Störungen nie ganz genau hinkriegen. Dass die Modelle sehr gut funktionieren siehst du in animierten Filmen. Die Bewegungen dort werden oft nach physikalischen Gesetzen im Computer berechnet und die Simulation ist praktisch nicht von einem realen Vorgang zu unterscheiden."

S: „Nun sieh doch einmal die Tasse hier vor mir auf dem Tisch. Kannst Du vorhersagen, wo sich die in den nächsten 5 Sekunden befindet?"

W: (ahnt was S. vorhat): „Wenn du hier nicht eingreifst, steht die natürlich weiterhin an ihrem Platz. Als Physikerin würde ich sagen die Tischplatte steht senkrecht zur Schwerkraft, folgt damit einer Äquipotentialebene, so dass die Kraft nichts zur horizontalen Bewegung der Tasse beitragen kann. Eine vertikale Bewegung verhindert die Tischplatte, die genau die Schwerkraft durch eine Gegenkraft auf die Tasse ausgleicht – Actio und Reactio. Andere Kräfte sind nicht vorhanden."

S: „Hm – Stehe ich denn außerhalb der Physik wenn ich die Tasse jetzt vom Tisch stoße?"

W: „Nein – natürlich nicht. Aber das wäre dann eher eine Frage an einen Psychologen. Als Physikerin habe ich keine Möglichkeit, deine Motive und Absichten vorherzusagen. Das entzieht sich vollkommen meiner Einsicht. "

S: „Das wäre dann aus deiner Sicht also echter Zufall und etwas Abruptes, Plötzliches, Sprunghaftes. Nachdem, was ich eben aus deinen Ausführungen verstanden habe, wäre das doch dann Gegenstand für die zweite Theorie, die Quantenmechanik."

W (denkt 'Oh Gott') : „Jetzt wird's aber unphysikalisch. So darfst du das nicht sehen. All das – Bewusstsein, Intelligenz, Verhalten – ist nicht Gegenstand der Physik."

S (denkt Hm, na gut. Aber vielleicht ist ja doch meine Ansicht nicht ganz falsch. Ich hatte anfangs verstanden, dass Wissenschaftler manchmal auch Sichtweisen ändern müssen.)

Die folgenden Ausführungen dürften für viele, die sich bisher noch nicht mit moderner Physik beschäftigt haben, nur schwer nachvollziehbar sein. In diesem Fall überfliegen sie die folgenden Zeilen bis zum Ende des Kapitels nur kurz und fahren sie dann mit dem nächsten Kapitel fort, in dem das Modell beschrieben wird.

Die Physik des Unphysikalischen

Was um alles in der Welt hat Bewusstsein und Intelligenz mit Physik zu tun? Vielleicht nichts oder nicht viel. Die meisten Physiker jedenfalls würden sofort den ersten der Begriffe als Gegenstand ihrer Wissenschaft ablehnen. Es gibt keinerlei objektiv messbares Kriterium, mit dem ich von außen direkt auf Bewusstsein schließen könnte. Und damit gibt es nicht einmal eine Definition, die physikalischen Anforderungen genügt. Mit Intelligenz tut man sich schon leichter, denn die zielt auf Verhalten ab und das kann beobachtet und gemessen werden. Aber eine echte Definition im naturwissenschaftlichen Sinne fehlt auch hier. Von objektiver Messbarkeit ist man konsequenterweise weit entfernt. Intelligenz gilt ebenso nicht als Gegenstand der Physik.

Es ist nicht etwa so, dass Physiker meinen, all dies habe nichts mit physikalischen Gesetzmäßigkeiten zu tun hätte. Das Gegenteil ist der Fall: Alle Erscheinungen des Universums lassen sich auf die Gesetze der Physik zurückführen. Und dazu zählen auch die genannten Phänomene [13]. Nur ist die intellektuelle Strecke vom Verhalten der Elementarteilchen und der Bewegung von Galaxien bis hin in die Hirne von Organismen sehr lang. Da ist eine enorme Komplexität zu bewältigen. Die Modelle der Physik sind schlichtweg unzweckmäßig zur Beschreibung solcher Systeme. Da sind Chemie, Biologie, Medizin und Psychologie einfach näher dran und deren Modelle und Vokabular sind besser geeignet, Verhalten in ihrer jeweiligen Domäne zu beschreiben und verwertbare Schlüsse zu ziehen. In dieser langen Kette fehlt naturgemäß die direkte Durchgängigkeit der Begriffe und Inhalte. Die meisten Physiker würden schlichtweg bestreiten, dass so etwas wie eine Idee oder ein Erlebnis direkt physikalische Vorgänge beeinflussen oder gar Kräfte bewirken kann. Nur in umgekehrter Richtung sollen sich solche Konzepte aus dem Wirken der physikalischen Kräfte ergeben. Eine Idee ist danach immer die Wirkung, niemals eine Ursache. Unser gesunder Menschenverstand hebt da wieder zaghaft den Finger, unsicher, ob er einen Einwand wagen darf.

Zwischen Chemie und Physik gibt es große Überlappungen, in denen Chemiker auf physikalische Modelle zurückgreifen um etwa Fluoreszenz oder elektrische Eigenschaften chemischer Verbindungen zu erklären. Andererseits lassen sich schon kleinere Moleküle, mit denen die Chemie befasst ist, nicht mehr exakt und umfassend mit physikalischen Basismodellen beschreiben. Ein einfaches Wassermolekül wirft enorme mathematische Probleme auf, wenn man versucht, es vollständig im quantenphysikalischen Modell zu beschreiben. Komplexe chemische Reaktionen sind mit solchen Methoden praktisch nicht mehr vorhersagbar. Nur prinzipiell ist man sich einig, dass dies möglich ist, wenn man denn die komplexe Mathematik bewältigen könnte. Praktisch sind nur noch Näherungen möglich. Die Konzepte der Chemie bewegen sich dazu auf einer höheren Ebene – ohne jede Wertung. Sie argumentiert vorrangig in Bindungen, Wertigkeiten, Affinitäten, chemischen Gleichgewichten. Mit diesen Begriffen lassen sich dann wieder Regeln formulieren und Modelle entwickeln, die vergleichsweise leicht handhabbar sind und zu verlässlichen Erklärungen und Vorhersagen führen.

Ähnlich stellt sich der Grenzbereich zwischen Biologie und Chemie dar. Wieder gibt es große Überschneidungen etwa im Bereich der Biochemie. Auf der anderen Seite behandelt die Biologie Begriffe wie Verhalten, Schwärme, Evolution, Auslese, die in Chemie und Physik eher Exoten sind. Irgendwie scheint nur offensichtlich, dass die Physik über die Chemie und die Biologie letztendlich auch Verhalten und Auslese steuern sollte. Interessant ist die Frage, ob es denn eine Rückkopplung solcher Begriffe in umgekehrter Richtung gibt. Kann ein Konzept wie Verhalten physikalische Prozesse beeinflussen und nicht nur umgekehrt? Punktuell kennt man biochemische Vorgänge, die Verhalten auslösen oder Auslese beeinflussen. Aber beeinflusst Auslese auch die Biochemie? Hat eine solche Sichtweise im naturwissenschaftlichen Kontext einen Sinn?

Biologie und Psychologie untersuchen beide Verhalten. Die Psychologie arbeitet mit Begriffen wie Bewusstsein, Intelligenz, Motive, Absichten, Erinnerung, die in der Biologie eine untergeordnete, in Chemie und Physik keine Rolle spielen. Wenn man nicht gleich von vorneherein diese Konzepte als unwissenschaftlich ablehnt, ist allgemein akzeptiert, dass die Physik letztendlich auch dafür verantwortlich zeichnet. Wie sieht es dann mit der Rückwirkung aus? Können Absichten oder kann Bewusstsein Kräfte im physikalischen Sinne verursachen oder verändern?

Ich könnte versucht sein, jede physikalische Betrachtung nun auszuklammern, so wie ich auch die Chemie nicht direkt bemühe. Leider kann ich mich damit nicht zufrieden geben. Die Physik mit ihren weitaus am besten bewährten und überprüften Modellen bietet die exaktest mögliche Grundlage. Gleichzeitig stellt sie die härtesten denkbaren Anforderungen an ein umfassendes Modell. Jeder andere Weg würde nur zu den abertausenden Beiträgen zum Thema Bewusstsein einen weiteren anfügen, der keinerlei besondere Aufmerksamkeit verdient. Das Problem ist ja nicht der Mangel an hervorragenden Ideen, Aufsätzen, Büchern dazu. Das Problem besteht darin, dass es zu jeder denkbaren Position eine Gegenposition gibt, die genauso überzeugend vorgetragen und verargumentiert wird. Nur ein physikalisches Modell verspricht den klaren Nachweis durch Experimente zu erbringen, welches die richtige Sichtweise ist. Jedes exakte Modell für Bewusstsein muss diese harten Anforderungen erfüllen. Im Übrigen haben wir schon festgestellt, dass die Thematik sich kaum eingrenzen lässt. Ein umfassendes Modell sollte in angepasster Form überall anwendbar sein – auch in der Physik.

Bis in die 90er Jahre gab es wenige Physiker, die sich noch ernsthaft mit dem Phänomen auseinandergesetzt haben. Daraus stammen noch Aufsätze etwa von Stuart Hameroff[14] und Roger Penrose[15], die darauf hinauslaufen, dass Bewusstsein mit den Mitteln der Quantenmechanik modellierbar sein müsste. Sie vermuten dabei typische Quantenzustände in den Synapsen des Gehirns[16][17]. Das ist insgesamt kaum überraschend, da die meisten Physiker heute davon ausgehen, dass die Quantenmechanik die grundlegende Sichtweise auf die Welt ist und damit das ganze Universum darin beschrieben werden kann – wenn man denn genug darüber wüsste.

Dies deutet bereits an, dass es noch eine andere Sichtweise der Physiker auf die Wirklichkeit gibt. Bis heute stehen sich Quantenmechanik – oder Quantenphysik – als das Modell für die Vorgänge im Kleinen und die Allgemeine Relativitätstheorie als Modell für die galaktischen Zusammenhänge nahezu unversöhnlich gegenüber. Alle Versuche, beide aus einem gemeinsamen Modell abzuleiten, sind in den letzten hundert Jahren fehlgeschlagen.

Aber es gibt noch fundamentalere Kritik an den Modellen und die betrifft schon den historischen Ansatz Isaac Newtons. Er wählte für sein mechanisches Weltmodell die Zeit als geometrische Achse, die sich als solche nicht von einer räumlichen Ausdehnung unterscheidet. Wenn dieses Modell richtig ist, sollte man auf der Zeitachse genauso in alle Richtungen reisen können, wie das für jede Raumrichtung der Fall ist. Das widerspricht aber jeder Erfahrung: Die Zeit schreitet nur in eine Richtung voran. Auch die Relativitätstheorie Albert Einsteins baut auf diese Vorstellung einer geometrischen Eigenschaft der Zeit. Einige Physiker, wie der australische Professor Reginald Cahill[18], üben deswegen heftigste Kritik an dieser Vorstellung und bieten alternative Modelle an, bei denen die Zeit eine Abfolge von (zufälligen) Ereignissen ist. Das entspricht viel mehr unserem allgemeinen Empfinden und führt dazu, dass die Zeit auch im Modell naturgemäß nicht umkehrbar ist. Derzeit ist dies noch ein Kampf gegen Windmühlen. Nur wegen dieser in Bezug auf die Modellierung der Zeit vielleicht tatsächlich falschen Ansätze glauben nicht nur Physiker noch immer an die grundsätzliche Möglichkeit von Zeitreisen.

Das relativistische Weltbild

Albert Einstein veröffentlichte 1916 die Allgemeine Relativitätstheorie (abgekürzt ART), die das Verständnis von Raum, Zeit, Materie und Energie grundlegend revolutionierte. Viele kennen die Formel $E=mc^2$, die ausdrückt, dass Energie und Masse gleichwertig sind und sich in einander umwandeln lassen. Auch Raum und Zeit stehen hier in einem engen Zusammenhang und formen gemeinsam die 4-dimensionale Raumzeit.

Einige Jahre vorher hatte Einstein seine Spezielle Relativitätstheorie (abgekürzt SRT) veröffentlicht. Dieses Modell berücksichtigte gleichförmige Bewegungen, also solche ohne Beschleunigungen und ohne Wirkung der Schwerkraft. Der Name der Theorie leitet sich ab aus der grundlegenden Annahme, dass jeder Beobachter unabhängig von seinem Standort und seiner Bewegung die Naturgesetze in gleicher Weise wahrnimmt. Grob gesagt, darf jeder Beobachter gleichberechtigt und unwiderlegbar behaupten, im Zentrum des Universums zu ruhen. Kein Naturgesetz und keine Messung kann eine Position oder einen Bewegungszustand vor einem anderen auszeichnen. Damit dieses fundamentale Prinzip gewährleistet ist, gibt es Symmetrieanforderungen, die jedes Modell für unser Universum erfüllen muss. Bewegung und Position sind niemals absolute Größen, sondern lassen sich immer nur relativ zu einem beliebig festgelegten Bezugssystem angeben. Dass diese Feststellung uns allen nicht von jeher selbstverständlich ist, liegt daran, dass wir auf einem Planeten leben, der ein natürliches festes Bezugssystem bietet. Ich kann hier immer feststellen, wo ich mich befinde in Längen- und Breitengraden und wie ich mich relativ zur Erde bewege. Andere können sich auf das gleiche Bezugssystem stützen und kommen dann zu gleichen Ergebnissen über Lage und Geschwindigkeit. Wenn ich diesen festen Hintergrund nicht habe, etwa alleine im Weltraum mit einem Raumschiff unterwegs bin, dann werde ich meine Position relativ zum Raumschiff beschreiben, genauso meine Bewegung. Jemand anderes, in einem anderen Raumschiff, wird seine Position relativ zu seinem Raumschiff festlegen. Es kann in diesem Fall kein bevorzugtes Bezugssystem geben. Beide sind gleichwertig.

Zu dieser Schlussfolgerung der Relativität von Position und Bewegung kam schon Isaac Newton. Bei ihm war aber die Zeit noch eine absolute Größe. Seit Ende des 19. Jahrhunderts schälte sich aber allmählich durch viele Messungen und Experimente eine eigentümliche Eigenschaft der Lichtgeschwindigkeit heraus: Sie ist nämlich in jedem Bezugssystem gleich und sie ist die höchst mögliche Geschwindigkeit überhaupt. Dies widerspricht dem Newtonschen Verständnis. Wenn ich danach zum Beispiel einem Zug mit meinem Auto folge, immer direkt entlang der Gleise, kann ich irgendwann fast genauso schnell sein. Dann ruht der Zug relativ zu mir, und ich kann ihn ausgiebig in Ruhe betrachten oder sogar ohne Gefahr für Leib und Leben umsteigen. Dann könnte ich mir vorstellen, dass ich in ähnlicher Weise einem Lichtstrahl folge. Irgendwann würde ich dann ein Lichtteilchen – ein Photon – in Ruhe betrachten können. Genau das funktioniert aber so nicht. Das Licht wird sich relativ zu mir immer exakt mit Lichtgeschwindigkeit bewegen, egal wie schnell ich mich in gleicher Richtung bewege. Das ist experimentell erwiesen. Um diese Eigenschaft mathematisch widerspruchsfrei zu beschreiben, musste Einstein auch die Zeit transformieren. Seitdem haben beide Größen – Raum und Zeit – nur relative Bedeutung und sind nicht mehr unabhängig voneinander.

Die Allgemeine Relativitätstheorie bezieht nun die Schwerkraft in das Modell ein. Sie fußt auf der eigentlich einfachen Annahme, dass Gravitation und Beschleunigung dem Wesen nach gleich sind – beide erzeugen Schwere, üben also eine Kraft auf Massen aus. In der ART führt Materie zu einer Verformung der eigentlich flachen Raumzeit. Diese Verformung führt dann zu den beobachteten Gravitations- oder Beschleunigungskräften. Zur groben Veranschaulichung wird oft eine elastisch gespannte Folie herangezogen mit Vertiefungen dort, wo sich Materie befindet.

Eine kleine Kugel, die sich auf der Folie bewegt, wird dann durch die Vertiefungen von ihrem ansonsten geraden Lauf abgelenkt. Ähnlich kann man sich die Anziehung vorstellen, die von großen Massen wie der Erde oder der Sonne ausgehen, und die damit Planeten, Monde, Satelliten in eine gekrümmte Bahn zwingen. Auf diese Weise führt jede Materieverteilung im Universum zu einer charakteristischen Geometrie der Raumzeit. Umgekehrt bestimmt die Geometrie eindeutig die Massenverteilung und die Bewegung dieser Massen. Massenverteilung und Geometrie sind damit gleichwertige Begriffe. Wird also ein Körper bewegt, dann verändert das die Geometrie der Raumzeit, die ihrerseits wieder die weitere Bewegung dieses Körpers bestimmt. Es gibt also im Modell so etwas wie eine Rückkopplung der Raumzeit mit ihren Massen. Was jeweils Ursache und was Wirkung ist, wird im Modell nicht festgelegt.

Die ART ist im Kern deterministisch. Der Zufall spielt keine fundamentale Rolle und kommt nur dann ins Spiel, wenn ein Beobachter über unzureichende Information verfügt. Die Bahn einer Gewehrkugel ist exakt berechenbar, wenn ich alle Einflussgrößen kenne. Wäre es anders, würde kein Raumschiff den Zielplaneten oder Mond erreichen und würde kein Satellit lange in einer Umlaufbahn bleiben. Diese strenge Bestimmtheit bedeutet auch, dass ich im Prinzip die gesamte Vergangenheit und Zukunft berechnen kann, wenn ich nur exakt genug die Verteilung aller Massen und Energien im Universum kenne – eine beunruhigende Vorstellung. Einstein war von dieser Determiniertheit überzeugt und davon, dass Zufall nur auf Unkenntnis beruhen kann.

Die ART beruht auf der Vorstellung eines gekrümmten Raumes, oder genauer gesagt einer gekrümmten 4-dimensionalen Raumzeit, bei der Raum und Zeit zwar nicht gleichberechtigt sind, aber in einer engen Wechselbeziehung stehen. Der Grad der Krümmung wird dadurch beschrieben, dass ich in jedem Punkt fest lege, wie ich Abstände und Winkel messen will[19]. Wenn ich in einem flachen Raum Längen messe, etwa auf einem Blatt Papier, dann lege ich einfach ein Lineal an und lese die Länge ab. Das funktioniert mit dem gleichen Lineal überall auf dem Blatt, solange es flach bleibt. Ist mein Papier stark gewellt, hat Beulen, Vertiefungen, vielleicht sogar Löcher, dann muss ich mir schon genau überlegen, wie ich denn Abstände zwischen zwei Punkten messen will. Mein Lineal kann ich dazu nicht mehr gebrauchen. Im Prinzip brauche ich für jeden kleinen Bereich ein anderes Lineal. Eine Vorschrift, die das erlaubt, bezeichnet man in der Physik als eine Metrik[39]. Eine Metrik erlaubt in jedem Punkt die Messung von Längen und Winkeln.

Obwohl die Grundidee nicht so furchtbar kompliziert erscheint, sind die mathematischen Herausforderungen immens. Und so gibt es nur sehr wenige exakte Lösungen der von Einstein formulierten Feldgleichungen. Eine schon früh gefundene Lösung sagt eine Erscheinung voraus, die man als Schwarzes Loch kennt und eine extreme Situation im Universum beschreibt. Heute ist man sicher, so etwas an vielen Stellen identifiziert zu haben. Vermutlich enthält jede große Galaxie in ihrem Zentrum ein großes Schwarzes Loch. Eine solche Erscheinung ist ein Schwerkraft-Ungeheuer. Nicht einmal Licht kann ihm entfliehen sobald es unterhalb eines Horizonts ausgesendet wird, der die eigentliche Masse im Zentrum wie eine Kugelschale umgibt und vor jedem Blick abschirmt. Deshalb erscheint es nach außen hin schwarz, sendet also keinerlei Licht aus und reflektiert auch keines. Man kann es nur nachweisen durch die Bewegung von Sternen, deren Bahnen nur durch eine gigantische Anziehungskraft in ihrer Nähe erklärt werden können.

Hier fangen die Schwierigkeiten mit der Theorie aber schon an. Die ART fordert im Zentrum eines solchen Schwarzen Loches eine sogenannte Singularität. So etwas ist physikalisch unmöglich, weil hier Kräfte und Energien unendlich groß werden und Materie auf einen Punkt ohne jede Ausdehnung komprimiert würde. Man muss feststellen, dass das Modell hier endet und für die Beschreibung der Situation in der Umgebung dieses Zentrums unbrauchbar ist. Das hat auch damit zu tun, dass wir uns hier mit einem außerordentlich kleinen Raum befassen müssen. Für die Physik des Kleinen und Allerkleinsten ist aber eigentlich die Quantenmechanik zuständig. Die hat aber ihrerseits bis heute unüberwindliche Schwierigkeiten mit einem gekrümmten Raum und funktioniert nur, wenn ich den als beinahe flach ansehen kann. Die gigantische Gravitation in der Nähe dieses Zentrum führt aber im Gegenteil zu einer extrem gekrümmten Raumzeit. Ähnliche Bedingungen herrschten nach allgemeiner Auffassung kurz nach dem Urknall, als unser Universum mit Raum und Zeit entstand.

---

39 Wir hatten schon einmal ein Beispiel für eine sehr einfache Metrik bei den Bankagenten, wo Alter und Einkommen in Beziehung gesetzt wurden um Abstände zu messen.

Andererseits hat ein Schwarzes Loch insgesamt – obwohl es sehr groß sein kann – Eigenschaften, die an ein Elementarteilchen erinnern: Es wird charakterisiert alleine durch seine Masse, elektrische Ladung und Drehimpuls. Andere Eigenschaften wie etwa ein Aussehen kann es nicht geben, da nicht einmal Licht seiner Schwerkraft entfliehen kann. Und so ist auch nicht klar, wie man sich das vorstellen kann, was hinter diesem unüberwindlichen Horizont passiert. Nachdem die Massen laut Modell der ART auf einen Punkt konzentriert wurden, könnte so etwas wie ein Urknall geschehen und ein neues Universum schaffen, vollkommen losgelöst und unerreichbar für uns. Man könnte sich genauso vorstellen, dass die Masse an diesem Ort ganz verschwindet und nur der extrem gekrümmte Raum übrig bleibt. Den Unterschied würden wir nicht bemerken. Aber das ist alles Spekulation. Die ART kann hierzu keine Antworten beitragen.

Abschließend noch eine Bemerkung zur Rolle des Beobachters in der ART. Obwohl das Grundprinzip von der Unabhängigkeit der Naturgesetze direkt auf den Beobachter abhebt, ist diese Rolle im Modell passiv angelegt. Der Beobachter steht außerhalb des Systems. Seine Messungen können grundsätzlich so angelegt werden, dass sie das System selbst nicht verändern. In der Praxis wird das naturgemäß nur angenähert gelten. Messe ich etwa die Temperatur einer heißen Flüssigkeit durch Eintauchen eines Thermometers, dann ist Letzteres anfangs kälter. Die Flüssigkeit wird nun geringfügig abkühlen, während das Thermometer heißer wird, bis die Temperaturen sich angeglichen haben. Ist die Flüssigkeitsmenge gering, dann muss ich diesen Effekt tatsächlich berücksichtigen und die gemessene Temperatur korrigieren. Das Messgerät beeinflusst also in der Praxis die Messung. Selbst die Lasermessung eines fahrenden Autos verändert in der Theorie dessen Geschwindigkeit durch den Rückstoß der aufprallenden Lichtteilchen. Hier wird der Effekt aber zu keiner messbaren Abweichung führen. So ist es grundsätzlich in der ART, dass ich jede Messung theoretisch so vorsichtig durchführen kann, dass im Grenzfall keine Beeinflussung stattfindet. Der Beobachter kann im Prinzip vollständig außerhalb des Systems stehen. Diese Realität existiert auch unabhängig von einem Beobachter. Das ist in der Quantenmechanik ganz anders.

Die Welt der Quanten

Die Welt im Kleinen in der Größenordnung von Elektronen, Atomen, Molekülen gehorcht den Gesetzen der Quantenmechanik (abgekürzt QM). Die Phänomene, um die es hier geht, muten geisterhaft an und beschreiben Sachverhalte, die noch nie jemand in der gewöhnlichen Realität gesehen hat oder sehen wird. Dazu bedarf es sorgfältig vorbereiteter Experimente unter streng kontrollierten Laborbedingungen.

Es geht um Teilchen, die sich nicht auf eine Eigenschaft festlegen, die an mehreren Orten gleichzeitig sein können oder im übertragenen Sinne sowohl rein blau als auch einfarbig rot sind. Es geht um Partikel, die sich an entgegengesetzten Punkten der Galaxie befinden, viele Millionen Lichtjahre voneinander entfernt, und trotzdem in unmittelbarer Verbindung stehen, als ob Raum und Zeit keine Rolle spielten. Es geht um Teilchen, deren Verhalten nachprüfbar davon abhängt, was ich als Beobachter und Experimentator über sie weiß oder wissen könnte. Und es geht um Messungen, deren Ergebnisse fundamental zufällig sind.

Genauso mysteriös wie dieses Verhalten mutet die Theorie an: Da wird eine Messung durch einen Operator – genannt die Observable – beschrieben und das zu messende System durch einen Zustandsvektor. Dieser Vektor beschreibt einen inneren Zustand eines Elementarteilchens, wie eines Elektrons oder Photons. Er wird oft auch als Wellenfunktion bezeichnet und ist eine abstrakte mathematische Größe. Dieser Zustand ist von außen nicht direkt beobachtbar oder messbar. Es gibt keinerlei objektiv messbares Kriterium, mit dem ich von außen direkt auf ihn schließen könnte. Man kann diesen inneren Zustand nur aufgrund des Verhaltens eines solchen Teilchens eingrenzen.

Die QM ist eine Meisterleistung der Abstraktion. Sie rechtfertigt sich nicht durch irgendeine anschauliche Erklärung der Realität. Ihre Bedeutung erklärt sich ausschließlich aus ihrer zuverlässigen Vorhersage zum Verhalten von Elementarteilchen. Was eigentlich dahinter steckt, was die QM eigentlich im Grunde beschreibt, war und ist Gegenstand reger philosophischer Diskussionen. Warum die QM so aussieht wie sie aussieht, ist nicht zu begründen. Warum komplexe Zahlen mit dem Symbol i, das quadriert -1 ergibt, eine überragende Bedeutung haben, ist offen. Der Formalismus der QM scheint irgendwie in einem Blitz vom Himmel gefallen. Er lässt sich nicht auf noch so verschlungenen Pfaden aus der klassischen Physik oder aus der ART herleiten. Für die Physikergemeinde ist ein Ausspruch dazu am Rande einer Konferenz in Kopenhagen überliefert: „shut up and start calculating" – also denkt nicht über die Bedeutung nach, wendet das Modell einfach an.

Die Anfänge stammen aus den 20er Jahren des letzten Jahrhunderts, als man händeringend versuchte, die Vorstellung von Licht als Welle und gleichzeitig als Partikel in ein mathematisches Modell zu bringen. Schrödinger nutzte dazu eine Welle im komplexen Zahlenraum eher als einen mathematischen Trick, der es erlaubte, einem Partikel so etwas wie einen rotierenden Zeiger mitzugeben. Erst nach und nach stellte sich heraus, dass dieser „Trick" wohl mehr war, als vermutet. Über die weiteren Interpretationen seiner Wellengleichung war er selbst wohl nicht uneingeschränkt glücklich[40].[20]

In der Quantenmechanik gibt es danach ein überaus erfolgreiches Standardmodell. Neben der ART ist es die am besten überprüfte und experimentell bestätigte Theorie. Danach können zwei grundlegend verschiedene Prozesse den Zustand eines Teilchens ändern:

Zum einen verändert er sich stetig entsprechend einer Gleichung[41], die auf Erwin Schrödinger (1887–1961) zurückgeht. Diesen gleichmäßigen Prozess ohne überraschende Sprünge nennt man den unitären Prozess oder **U-Prozess**. Die Formeln und Methoden, die man braucht, um die Schrödingergleichung für ein bestimmtes System aufzustellen, ähneln stark dem, was man aus der klassischen Mechanik kennt. Eine sogenannte kanonische oder erste Quantisierung überführt klassische Formeln, die der eine oder andere vielleicht noch aus der Schulphysik kennt, einfach indem man darin die Variablen für Impuls, Drehimpuls, Ort, Energie durch ihre quantenmechanischen Operator-Äquivalente ersetzt. Obwohl die Form auf den ersten Blick ähnlich ist, bedeuten solche Beziehungen hier etwas völlig anderes. Diese Heuristik funktioniert in vielen Fällen, aber nicht immer. Sie versagt zum Beispiel bei Beziehungen, die mit Gravitation zu tun haben. Insbesondere die Gleichungen der ART lassen sich auf diese Weise nicht quantisieren.

---

40 Siehe z.B. Wikipedia http://de.wikiquote.org/wiki/Erwin_Schrödinger
41 Siehe z.B. Wikipedia http://de.wikipedia.org/wiki/Schrödingergleichung

Der andere Prozess ist die Messung eines Merkmals – etwa einer Position im Raum, eines Impulses oder der Energie des Teilchens. Dieser Messprozess verändert immer abrupt den Zustand des gemessenen Systems. Der Zustand springt – ausgelöst durch den Messvorgang – unverzüglich von einem Zustand in einen neuen Zustand. Eine Messung stellt somit immer einen schwerwiegenden Eingriff dar, der den Zustand vor der Messung unwiderruflich zerstört. Man spricht von einem Kollaps der Wellenfunktion – englisch Wave Reduction – und nennt ihn oft den **R-Prozess**. In welchen Zustand ein Teilchen springt, ist grundsätzlich zufällig und nur statistisch vorhersagbar. Es springt immer in einen aus einer Anzahl möglicher Zustände. Welche Zustände möglich sind, bestimmt die Art der Messung.

Das einzige rein quantenmechanische Merkmal ist der Spin eines Teilchens. Bei den einfachsten Teilchen – z.B. einem Elektron – kann dieser Spin nur zwei Werte annehmen, die üblicherweise mit $-\frac{1}{2}$ und $+\frac{1}{2}$ angegeben werden. Man nennt solche Teilchen deshalb allgemein Spin-$\frac{1}{2}$ Teilchen. Die beiden konkreten Werte sind nicht zwingend, haben sich aber als praktisch erwiesen. Der Zustand eines Elektrons wird dann durch zwei Wahrscheinlichkeitsamplituden angegeben. Diese Amplituden sind komplexe Zahlen. Aus ihnen lassen sich durch einfache Umrechnung Wahrscheinlichkeiten errechnen. Die erste Amplitude ergibt die Wahrscheinlichkeit dafür, dass die Spin-Messung am Elektron den Wert $-\frac{1}{2}$ ergibt, die zweite die für $+\frac{1}{2}$. Man kann mathematisch beweisen, dass alle Teilchen mit höherem Spin – etwa das Photon mit Spin 1 – sich so verhalten, als wären sie aus mehreren Spin $\frac{1}{2}$ Teilchen zusammengesetzt.

Dieser R-Prozess ist der Grund für die Eingangs erwähnten Merkwürdigkeiten beim Experimentieren mit den kleinsten Bausteinen der Materie. Wenn ich den Ort eines Teilchens bestimmen will, sagt das Modell – und das ist im Experiment eindeutig belegbar – das sich das Teilchen erst im Moment der Messung für einen konkreten Ort entscheidet. Vor der Messung beinhaltet der Zustand viele Orte gleichzeitig, an denen es mit unterschiedlicher Wahrscheinlichkeit anzutreffen ist. Ich kann auch den Impuls – also im Prinzip seine Geschwindigkeit – messen. Sofort ergibt sich eine andere Merkwürdigkeit: Wenn ich ein Auto betrachte, kann ich natürlich Ort und Geschwindigkeit gleichzeitig messen und angeben. Nicht so bei quantenmechanischen Teilchen. Wenn ich wie oben den Ort genau bestimmt habe, ist die Geschwindigkeit danach völlig unbestimmt, kann also von Null bis unendlich reichen. Damit kann das Teilchen im Prinzip im nächstem Moment schon am anderen Ende der Galaxie sein. Umgekehrt wenn ich den Impuls genau messe, habe ich keine Information mehr über den Aufenthaltsort.

Der oben bereits erwähnte Spin verhält sich wie ein Drehimpuls und kann eine begrenzte Anzahl verschiedener Werte annehmen, die durch die Art der Messung festgelegt sind. Im einfachsten Fall sind das zwei mögliche Spins. Vor der Messung muss ich annehmen, das mein Teilchen sowohl den einen als auch den anderen Spin hat. Beide Eigenschaften überlagern sich. Erst im Moment der Messung trifft es eine Entscheidung zugunsten des einen oder des anderen Wertes. Ich kann den Zustand vor der Messung so manipulieren, dass etwa 50% Wahrscheinlichkeit für jeden der beiden Ergebnisse spricht. Ergibt nun eine Messung $+1/2$ für den Spin, wird eine unmittelbar darauf folgende Messung mit 100% Sicherheit ebenfalls den Wert $+1/2$ ergeben. Das ist mit dem Kollaps der Wellenfunktion gemeint: Der gemischte Zustand vor der Messung ist kollabiert zu einem eindeutigen Zustand. Erst mit der Messung hat ein quantenmechanisches System einen eindeutigen Zustand. Dabei kann ich eindeutig den Nachweis führen, dass mein Teilchen vor der Messung beide Zustände hatte und dies nicht an meiner Unkenntnis lag. Das Teilchen hatte sich vorher schlicht noch „keine Meinung gebildet" über einen bestimmten Wert. Einen solchen Zustand bezeichnet man in der Physik als Überlagerung oder Überlagerungszustand. Dieser Begriff wird noch häufiger auftauchen.

Nachdem sich ein Teilchen einmal für einen Zustand entschieden hat, kann ich ihn aber leicht wieder in die Überlagerung zurückführen, indem ich eine ganz andere Messung vornehme, die in gewissen Sinne mit der ersten nichts zu tun hat. Der Spin eines Teilchens ist abhängig von der Richtung im Raum, mit einem merkwürdigen Detail: Ich kann den Spin immer nur in einer Richtung messen, also niemals gleichzeitig den Spin in vertikaler z-Richtung und in einer anderen, etwa einer horizontalen Richtung messen. Wenn ich etwa im obigen Beispiel den Spin in vertikaler Richtung gemessen habe, ist der Zustand in dieser Richtung festgelegt. Eine weitere Messung in z-Richtung wird immer wieder den gleichen Wert ergeben. Nehme ich nun aber eine Messung in horizontaler x-Richtung vor, und messe anschließend wieder in z-Richtung, dann ist das Ergebnis wieder offen. Mit der zwischengeschalteten Messung ist der eindeutige Zustand vollständig verloren gegangen. Das Teilchen hat seinen vorhergehenden Zustand „vergessen". Ein Teilchen trägt neben seinem aktuellen Zustand keinerlei „Erinnerung" an frühere Zustände.

Einstein stand dieser Interpretation der Zufälligkeit übrigens skeptisch gegenüber, obwohl gerade er neben seiner Allgemeinen Relativitätstheorie bedeutende Beiträge zur Quantenmechanik geliefert hat und dafür einen Nobelpreis bekam. Ein Zitat lautet „Gott würfelt nicht". Er vertrat damit die Ansicht, dass auch der Zufall der QM

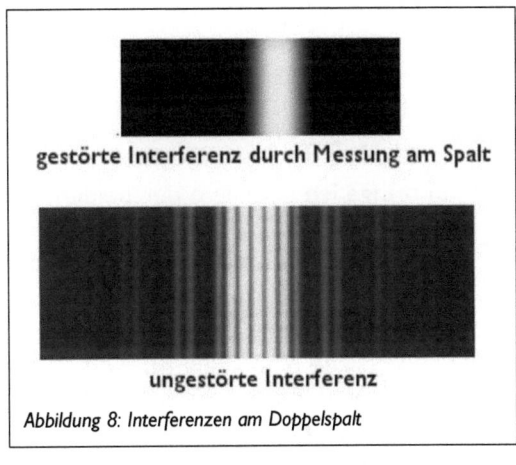

gestörte Interferenz durch Messung am Spalt

ungestörte Interferenz

Abbildung 8: Interferenzen am Doppelspalt

nur auf Unkenntnis des Beobachters beruhen könne. Wie schon erwähnt, wurde er inzwischen darin eindeutig widerlegt.

Die Rolle des Beobachter in der QM ist immer eine aktive, im klaren Gegensatz zum Verständnis der ART. Der Beobachter kann niemals außerhalb des zu messenden Systems stehen. Er beeinflusst massiv Messung und Messergebnisse quantenhafter Teilchen. Diese Beeinflussung geht so weit, dass es fast wie Science-Fiction anmutet: Wie ein Photon sich verhält, hängt nachweisbar davon ab, was ich als Beobachter oder Experimentator darüber weiß oder wissen könnte [21]. Das lässt sich bei der Beugung von Licht am Doppelspalt zeigen. Das Experiment dazu verwendet eine Platte mit zwei eng benachbarten, schmalen Schlitzen und dahinter einen weißen Schirm. Schicke ich einen Lichtstrahl auf den Doppelspalt, dann sehe ich dahinter auf dem Schirm ein Interferenzmuster, also viele eng benachbarte helle Linien. Die entstehen aus der Überlagerung der Photonen, die den linken und den rechten Spalt passieren.[42] Ich kann dann die Lichtintensität dann so weit reduzieren, dass ich nur noch einzelne Photonen aussende, die anschließend den Doppelspalt passieren. Nun müsste ich eigentlich annehmen, dass jedes Photon entweder den linken, oder den rechten Spalt passiert. Dann könnte aber keine Überlagerung stattfinden und ich würde keine Interferenzmuster beobachten. Tatsächlich kann ich aber auch in diesem Fall ein solches beobachten. Das lässt sich nur so erklären, dass jedes meiner einzeln ausgesandten Photonen beide Spalte zur gleichen Zeit passiert. Eine abstruse Vorstellung von Teilchen. Aber Photonen verhalten sich eben nachweislich nicht wie Tennisbälle, zumindest solange ich nichts über ihren Weg weiß.

Nun bringe ich an einem der beiden Spalte eine Messvorrichtung an, die mir jeweils signalisiert, wann ein Photon diesen Spalt passiert. Das Photon kann dabei ohne weiteres passieren und seinen Weg zum Schirm fortsetzen. Kurios ist, dass nun aber mein Interferenzmuster sofort zusammenbricht. Plötzlich verhalten sich meine Photonen doch wie Tennisbälle (siehe Abbildung 8). Was ist da passiert? Das Verhalten ändert sich nicht durch noch so geniale Modifikationen des Versuchsaufbaus. Sobald ich – woher auch immer – weiß, welchen Spalt ein Photon passiert, bricht mein Interferenzmuster zusammen. Dieser und ähnliche Effekte führen und führten zu den wildesten Spekulationen. Immer wieder findet sich der Begriff der Quantenphilosophie, die sich mit Deutungen dazu beschäftigt.

Realität

Vor einiger Zeit hatte ich eine interessante Unterredung mit meinem Sohn, der Physik studiert. Er hatte gerade das Thema für eine Seminararbeit bekommen und sollte einen Artikel über Dekohärenz bearbeiten und auswerten. Dabei ging es um die Frage, wie denn unsere wahrgenommene Realität aus dem abstrakten quantenmechanischen Regelwerk abzuleiten ist. Sein Professor war wohl eigentlich der Ansicht gewesen, in dieser Beziehung sei schon alles gesagt und die Zusammenhänge lägen klar auf der Hand. Nach Studium einiger Artikel dazu war mein Sohn allerdings zu einem anderen Schluss gelangt. Das war der Grund für die-

---

42 Wer schon einmal den Lichtfleck eines Laserpointers an der Wand genau beobachtet hat, kennt dieses merkwürdige flirrende Muster darin. Auch das sind Interferenzen.

ses Seminarthema. Der fragliche Artikel kam zu dem Schluss, dass quantenmechanische Überlagerungen deshalb nicht zu beobachten sind, weil die Teilchen ständig mit ihrer Umgebung interagieren. Die Umgebung löst danach einen kontinuierlichen Messprozess aus, der die Überlagerung nach sehr kurzer Zeit auflöst. Allerdings wurden dazu Voraussetzungen formuliert und Annahmen gemacht, die zwar plausibel klingen, in der Realität aber kaum überprüfbar sind. Die Zeitspannen, in denen sich eine Überlagerung auflöst, sollten danach so kurz sein, dass sie unmöglich messbar sind. Nach einer längeren Diskussion kamen wir zu dem Ergebnis, dass hier nur ein Teilaspekt behandelt wird. Selbst wenn die Annahmen zutreffen und die Schlussfolgerungen richtig sind, wird das eigentliche Messproblem überhaupt nicht berührt: Warum verhalten sich Teilchen bei Messungen zufällig?

Die Frage, deren Klärung hier versucht wurde, ist eher eine andere. Im Standardmodell existiert Realität, so wie wir sie erleben, niemals ohne Messung und ohne den messenden Beobachter. In Dekohärenzmodellen, wie dem oben diskutierten, wird versucht, zumindest den intelligenten Beobachter außen vor zu lassen. Die Messungen werden halt von der Umgebung verursacht unter Mithilfe der Gravitation. Im Grunde wird der Beobachter durch das ganze Universum ersetzt. Das mag in letzter Konsequenz der richtige Ansatz sein, mehr Objektivität in den Prozess hineinzubringen.

Während man den gleichförmigen U-Prozess sehr gut beherrscht und versteht, gilt das für den Kollaps oder R-Prozess keineswegs. Das Problem ist, dass wir in unserer physikalischen Realität keine Überlagerungen beobachten. Die Schrödinger-Katze ist allen Spekulationen zum Trotz entweder tot oder lebendig, aber niemals beides[43]. Ein Kreisel dreht sich entweder links herum oder rechts herum, aber niemals in beide Richtungen und mit allen erdenklichen Geschwindigkeiten gleichzeitig. Mein Auto steht vor meiner Haustüre oder woanders, aber niemals sowohl als auch. Innerhalb des Modells der Quantenmechanik scheint sich uns vertraute Realität erst durch die Messung einzustellen. Wie soll man sich das vorstellen? Wer misst denn die Trilliarden Teilchen im Universum, damit sie sich zu Sternen und Planeten einfinden können? Zwar gibt es zu dem Thema unzählige Aufsätze, die versuchen,

---

43 Siehe z.B. Wikipedia http://de.wikipedia.org/wiki/Schrödingers_Katze

den Kollaps zu interpretieren. Im Ergebnis sind das entweder spekulative Modelle[44], die darauf hinauslaufen, es gibt keinen Kollaps, oder Ansätze, die nur einen Teilaspekt erklären wollen, etwa warum solche quantenhaften Effekte in unserer Realität nicht beobachtbar sind (Dekohärenz [22]). Während der Kollaps grundsätzlich plötzlich – also ohne messbaren Zeitverzug – stattfindet, braucht der Prozess in Dekohärenz-Modellen Zeit. Allerdings sind die Vorhersagen bislang nicht zuverlässig überprüfbar. Bei vielen dieser Modelle spielt die Gravitation eine zentrale Rolle, indem sie für einen ständigen Messprozess verantwortlich gemacht wird.

Es stellt sich noch ein anderes Problem. Einstein schon bemerkte einen Widerspruch im Konzept der Wellenfunktion für den Ort eines Teilchens. Er wies darauf hin, dass eine solche Welle niemals genau auf einen Ort zu konzentrieren ist, sondern im Gegenteil prinzipiell immer das gesamte Universum füllt. Es gibt viele Argumente dagegen, auch Abschätzungen, dass dieser Effekt nach einer Messung, die das Teilchen ja an genau einem Ort lokalisiert, erst nach Milliarden Jahren an diesem Teilchen wieder beobachtbar wäre. Trotzdem bleibt die Feststellung richtig, dass ein Zustand oder eine Wellenfunktion etwas ist, das ich grundsätzlich nicht an einen festen Ort binden kann.

Symmetrien

Wonach man eigentlich sucht, ist eine grundlegende Theorie, aus der sich die ART und die QM als Spezialfälle ergeben. So ist das etwa mit der speziellen Relativitätstheorie, die den Spezialfall der ART für eine flache Raumzeit darstellt, oder die Mechanik Newtons, die sich im Falle schwacher Gravitation aus der ART ergibt. Alle heutigen Ansätze zu einer solchen Supertheorie sind unvollständig und meist experimentell nicht überprüfbar. Die String-Theorie wurde einmal als heißer Kandidat gehandelt, ART und QM zusammenzuführen[21]. Sie bezieht sich allerdings auf Strukturen, die viel zu klein sind, um in absehbarer Zukunft experimentell zugänglich zu werden. Demzufolge werden konkurrierende Modelle eher aufgrund ihrer mathematischen Eleganz bewertet. Eine eigentlich zwingende Überprüfung im Experiment scheidet aus.

---

44 Siehe z.B. Wikipedia http://de.wikipedia.org/wiki/Viele-Welten-Interpretation

So versucht man weiter, die ART direkt aus der QM abzuleiten. Das ist nur konsequent unter der Annahme, dass die QM die grundlegendere Theorie sein sollte. Ein wichtiger Baustein ist dabei der Nachweis, dass Gravitation wie andere Kräfte modelliert werden kann. Letztere lassen sich quantenmechanisch durch den Austausch von charakteristischen Teilchen beschreiben. Für die elektrischen Kräfte ist dies etwa das Lichtteilchen – das Photon. Genauso gibt es solche Teilchen für die Kernkräfte, die Atomkerne zusammenhalten. Alle diese Austauschteilchen können experimentell nachgewiesen werden. Für die Gravitation wird ebenso ein solches Teilchen gefordert. Allerdings widersetzt sich das Graviton – so heißt dieses Austauschteilchen – hartnäckig schon seit Jahrzehnten seiner Entdeckung.

Eigentlich sollte das alles insgesamt kein so großes Problem darstellen. Es ist bekannt, das Symmetrien ein belastbares Bindeglied zwischen beiden Theorien sind. Es ist so, dass regelmäßig der einzig gangbare Weg beim Aufstellen der Schrödinger-Gleichung für ein konkretes klassisches System über die gemeinsamen Symmetrien führt.

Eine Symmetrie bedeutet, das die Beschreibung eines Systems sich nicht ändert, wenn am System selbst eine bestimmte Veränderung vorgenommen wird. Wenn ich etwa die Bewegung eines Pendels beschreibe, dann spielt es keine Rolle, ob ich dieses Pendel hier oder 100 km entfernt aufbaue. Die Beschreibung der Bewegung sollte davon nicht beeinflusst werden. Genauso ist es unwichtig, ob ich das Pendel in der derzeitigen Position messe, oder es um 90° um die vertikale Achse drehe und die Messungen dann ausführe. Das Verhalten sollte davon nicht beeinflusst werden und die Beschreibung gleichwertig sein. Aus solchen Symmetrien ergeben sich durch mathematische Überlegungen die bekannten Erhaltungssätze. Aus den genannten lassen sich die für Impuls und Drehimpuls ableiten. Sie bedeuten, dass ohne den Einfluss äußerer Kräfte der Impuls – also das Produkt aus Masse und Geschwindigkeit – konstant bleibt. Das gleiche gilt für Drehbewegungen. Eine Gewehrkugel würde ohne den Einfluss des Luftwiderstandes und der Gravitation ewig mit gleicher Geschwindigkeit geradeaus fliegen. Genauso würde ein Kreisel seine Drehgeschwindigkeit unter diesen Bedingungen ewig beibehalten.

Wende ich ähnliche Überlegungen für quantenmechanische Systeme

an, dann erkenne ich im Wesentlichen den Differentialoperator als die
Größe, die den Impuls eines Systems repräsentiert. Ein etwas kompli-
zierterer zusammengesetzter Differentialoperator repräsentiert den
Drehimpuls. Bis auf die gemeinsamen Symmetrien gibt es keinen direk-
teren Weg, um etwa den gewöhnlichen Impuls als Masse mal Geschwindigkeit mit so etwas wie einem Differentialoperator in Verbindung zu
bringen. Trotzdem repräsentiert dieser Operator tatsächlich alle Messungen, deren Ergebnis ein klassischer Impuls ist. Die Symmetrien stellen eine Verbindung zwischen QM und ART her.

Die Supertheorie

Konsens ist, dass sich das Universum insgesamt durch eine Wellenfunktion beschreiben lässt. Dieser Zustand soll sich dann entsprechend
der Schrödinger-Gleichung in einem U-Prozess entwickeln. Hierüber
wird nicht kontrovers diskutiert. Genauso ist Konsens, dass es im
Grunde nur eine echte Wellenfunktion geben kann. Das ist die, die das
gesamte Universum beschreibt. Das Problem der Verwicklung aller
Wellenfunktionen – englisch „Entanglement" – verhindert, dass ein Teilchen eine eigenständige Wellenfunktion besitzen kann. Man spricht
stattdessen von einer Dichtefunktion, die durchaus andere Eigenschaften hat.

Es gibt Autoren, wie den schon vielfach zitierten Roger Penrose, der
vermutet, dem Geheimnis der Gravitation in der QM nur dann näher
zukommen, wenn man die Wave Reduction – den R-Prozess – besser
versteht[23]. Diese direkte Beziehung zwischen Gravitation und R-Prozess legen auch viele Arbeiten zur Dekohärenz nahe.

Damit stellt sich offensichtlich die Frage, weshalb man hartnäckig unser Universum quantenmechanisch als U-Prozess verstehen will. Dagegen spricht vordergründig auch, dass man immer von der Erhaltung der
Energie im Universum ausgeht. Damit ist die Energie genau bestimmt.
Nach den Regeln der Quantenphysik werden nun aber alle Orte maxi-
mal unbestimmt – ein offensichtlicher Widerspruch, über den man zumindest nachdenken muss. In unserer täglichen Realität können wir im
Allgemeinen genau feststellen, wo sich ein Objekt befindet.

Warum sollte sich unser Universum, so wie wir es erleben, nicht in einem R-Prozess befinden? Beide Prozesse sind nachweislich für die Änderung einer Wellenfunktion verantwortlich. Verständlich ist nur, dass es wenig erfolgversprechend scheint, den einen unverstandenen Sachverhalt mit einem zweiten mysteriösen Phänomen zusammenzubringen, um daraus ein besseres Verständnis für beides abzuleiten. Und der R-Prozess beruht im Modell auf einer Messung. Wer sollte denn diese Messung durchführen? Wenn das Universum per Definition Alles umfasst, könnte nur das Universum selbst dies tun. Es ist aber durch eine Wellenfunktion beschrieben. Das ist mathematisch etwas völlig anderes als ein Operator, der diese Messung bestimmen könnte.

Trotzdem ist eine Festlegung auf den U-Prozess aus den genannten Gründen nicht verhältnismäßig. Vielleicht ist einfach das quantenmechanische Grundmodell einmal zu überprüfen.

Zusammenhänge

Kann es ein Modell geben, das den Bogen spannt, das unmittelbare Beiträge zum Verständnis von Bewusstsein, Intelligenz, Schwarmverhalten, Quantenmechanik und Relativitätstheorie bietet? Wir wollen ein physikalisches Modell, das überprüfbar ist und nicht im Widerspruch zu bekannten Tatsachen steht. Ausgangspunkt können dann nur Quantenmechanik und Allgemeine Relativitätstheorie sein. Die Hoffnung besteht, dass ein gemeinsames Modell, aus dem sich beide ableiten lassen, dann Ansatzpunkte bietet, die anderen, nicht-physikalischen Begriffe zu erklären.

Spätestens hier werden die meisten theoretischen Physiker über meine Naivität den Kopf schütteln. Genau darum bemühen sich die Wissenschaftler seit Jahrzehnten. Aber vielleicht ist auch das vor allem eine Frage des Blickwinkels – wie bei einer Bergbesteigung in unbekanntem Gebiet.

Stellen sie sich vor, sie möchten einen Berg besteigen. Dazu gibt es einen markierten Weg, auf dem eine Seilbahn die ersten 1000 Höhenmeter überwindet. Danach beginnen hervorragend ausgebaute und gesicherte Wege bis weit hinauf. Dahinter scheint der Gipfel in Reichweite, aber jeder Weg führt von nun an unausweichlich in eine überhängende Steilwand, an der selbst die erfahrensten Bergsteiger letztlich scheitern, nachdem sie den Pfad in tagelanger Arbeit nur einige Zentimeter weiter sichern konnten. Trotzdem scheint dies nach allgemeinem Konsens der einzige Weg zum Gipfel. Nun stellen sie sich vor, es gibt doch einen anderen Weg, der unscheinbar in eine ganz andere Richtung zu führen scheint, ohne Seilbahn und Sicherungen. Die ersten Kilometer sind dann sicher nicht vielversprechend und sie müssen sich irgendwann vielleicht seitlich in die Büsche schlagen. Aber vielleicht kommen auf diesem Weg hartnäckige Amateure schon sehr weit und der Pfad kann letztlich den Steilhang umgehen. Sicher wäre das unsportlich, so als würde ich einen Marathonlauf abkürzen und rückwärts die Ziellinie überschreiten.

Was ich damit zum Ausdruck bringe ist, dass die Schwierigkeiten vielleicht mit einer ungeeigneten Perspektive zusammen hängen. Das ist wie mit einem Bild, in dem ich ein verstecktes Gesicht nur unter einem bestimmten Blickwinkel erkennen kann, es dann aber unübersehbar ist.

Was haben wir denn bisher zusammengetragen:

- Fischschwärme zeigen zufällig abruptes Verhalten beim Übergang von einer Formation in eine andere. Der Messprozess der Quantenmechanik zeigt Ähnlichkeiten.

- Individuen in Fischschwärmen benötigen Raum und Zeitgefühl, um den Schwarm funktionsfähig zu halten. Raum und Zeit sind zentral für die Allgemeine Relativitätstheorie.

- Schwarmindividuen verhalten sich in ihrer Umgebung rational und vorhersagbar, wenn auch mit Fehlern behaftet. Dies sind zum Teil Merkmale der Allgemeine Relativitätstheorie. Deren Modelle sind ebenfalls lokal ausgerichtet und beschreiben Verhalten von Energie und Materie in einer engen Umgebung.

- Bewusstes Handeln und Entscheiden zeigen ähnliche Muster wie beim Kollaps der Wellenfunktion zu beobachten sind.

- Bewusstsein in seiner weiteren Bedeutung ist nicht lokalisierbar. Ähnliches gilt für die Wellenfunktion eines Teilchens.

- Bewusstsein steht in enger Beziehung zu einem Selbstbezug. Die Allgemeine Relativitätstheorie kennt die Wirkung der Materie auf die Raumzeit und die Rückwirkung der Raumzeitgeometrie auf die Materie.

- Unser Gehirn ist in der Lage, Absichten zu verfolgen und eigentlich zufällige Aktionen der Neuronen diesen unterzuordnen. Umgekehrt werden Hirnfunktionen durch das Verhalten von Neuronen bestimmt. Die Allgemeine Relativitätstheorie zeigt ebenfalls diese Rückwirkung. Im Übrigen kann ein Gehirn als Schwarm aufgefasst werden.

- Staatenbildende Insekten bauen ihre eigene Welt, die wieder auf ihr Verhalten zurückwirkt. Dies ist ein Merkmal der Allgemeine Relativitätstheorie.

Ich denke, es wird schon klar, wohin die Reise geht. Es scheint auf den ersten Blick nicht unvernünftig, Quantenmechanik und Allgemeine Relativitätstheorie über ein Schwarmmodell in Einklang zu bringen. Tatsächlich würde so etwas die bisherige Sichtweise der Physik dazu auf den Kopf stellen.

Es sieht so aus, als dürfte ich mein Modell nur auf Logik aufbauen. Auf Raum und Zeit darf ich nicht zurückgreifen, da die erst mit der Allgemeine Relativitätstheorie ins Spiel kommen. Symmetrien existieren unabhängig von Raum und Zeit. Auf die bewährten Modelle der Quantenmechanik darf ich nicht setzen, da auch die sich erst aus dem Modell ergeben sollen. Ich darf für mein Modell nicht einmal reelle oder komplexe Zahlen voraussetzen. Alles was ich, was ich zur Verfügung habe, bin „Ich" und sind Logik und Symmetrien.

Das GenI-Modell

Dialog S/ W

Sonja findet Werner mal wieder in seinem Arbeitszimmer, als er an-
gespannt Zahlenkolonnen an seinem Bildschirm verfolgt und Notizen
macht.

S: „Was machst du eigentlich hier die ganze Zeit? Inzwischen müss-
test du doch wissen, wie Intelligenz funktioniert."

W: „Das kommt immer auf den Standpunkt an. Wenn ich einen
Neurowissenschaftler frage, wie Intelligenz funktioniert, wird er mir
vermutlich die Funktion des Gehirns und der Neuronen erklären und
sagen, aus diesem Zusammenspiel entsteht Intelligenz. Aber genügt dir
das? Ein Verhaltensbiologe wird wohl Schwarmverhalten und -organisa-
tion dafür verantwortlich machen wollen und ein Physiker – wenn er
sich überhaupt zu einer Meinung hinreißen lässt – wird vielleicht Quanteneffekte heranziehen. Also eine Frage mit vielen Antworten und noch
mehr Vermutungen. Keine einzige weist auf ein tieferes Verständnis
hin."

S: „Und wieso denkst du, dass du hier etwas anderes finden könntest
als andere vor dir? Vielleicht ist die ganze Mühe für die Katz und du ver-
schwendest deine Zeit."

W: „Ich mache das, weil es Spaß macht und immer wieder spannend
ist. Ich weiß oft selbst nicht, was ich eigentlich als nächstes erwarte und
was sich herausstellt. Das ist wie eine Reise, deren Ziel ich nicht kenne
und das vielleicht auch völlig egal ist. Du kannst es vergleichen mit einer
Wanderung in unbekanntem Gebiet, keine Menschenseele weit und
breit und hinter jeder Biegung kann eine Überraschung liegen. Und ich
finde das oft spannender als jeden Krimi. Was die vielleicht vergebene
Mühe angeht: Viele rennen in ihrem Leben tausende Kilometer ziellos
durch Wald und Feld. Alles eine Frage des Standpunktes."

S: „Das sah aber gerade nicht so aus, als ob du kein Ziel hättest. Eher
so, als hättest du eine Spur aufgenommen und würdest gleich den Mör-

der ausfindig machen."

W: „Im Augenblick verfolge ich tatsächlich ein Ziel. Aber das ist nicht die ganze Zeit so. Anfangs habe ich immer Modelle auf dem Papier konstruiert und dann recherchiert, ob jemand die gleichen Ansätze schon einmal verfolgt hat. Dann habe ich erst einmal Vieles gelesen und versucht, darauf weiter aufzubauen. Aus philosophischer Sicht gibt es wohl keinen noch so ungewöhnlichen Gedanken zum Thema Bewusstsein, der nicht schon Jahrhunderte bekannt ist und diskutiert wurde. Auch in der Medizin sind die meisten Ideen wohl schon beschrieben. Wenn ich wirklich ein Ziel erreichen will, wo andere noch nicht angekommen sind, muss ich das aus einer ganz anderen Sichtweise angehen. Es macht halt keinen Sinn, auf einer Rennstrecke mit einem Traktor gegen einen Formel-1-Boliden anzutreten. Damit kann ich nur in unwegsamem Gelände gewinnen."

S: „Aber du hast hier Zahlen und irgendwelche Programme. Das hat wohl kaum mit Philosophie zu tun und sah auch nicht nach irgend was Medizinischem aus."

W: "Ja stimmt, das sind Simulationen, mit denen ich nachweisen kann, dass mein Modell die Vorhersagen der Physik exakt trifft. Physik ist halt die einzige Grundlage, auf die ich zurückgreifen kann, um Ergebnisse genau zu prüfen. Quantenmechanik und Relativitätstheorie sind meine Testfälle."

Ich werde versuchen, die nüchterne Mathematik hinter dem Modell in einprägsame Bilder zu gießen, wo immer es geht. Trotzdem dürften die folgenden Ausführungen für viele nur schwer verständlich sein. Wenn es sie zu sehr anstrengt, überfliegen sie die folgenden Zeilen bis zum Ende des Kapitels nur kurz und fahren sie dann mit dem letzten Kapitel fort, in dem die Konsequenzen des Modells beschrieben werden, die wieder leichtere Kost bedeuten und auch für Nicht-Mathematiker verdaulich sind.

Würfel-Algebra

Einen erfolgversprechenden Ausgangspunkt zu finden, gleicht dem Stochern im Nebel. Ich möchte einen Schwarm konstruieren mit möglichst einfachen Individu-
en. Diese Individuen soll-
ten selbstbezüglich sein
in dem Sinne, dass ihre
Gestalt eine Anweisung
kodiert, genau so, wie
der Satz „Ersetze im Satz
jedes e durch ein *a*." einmal als sinnlose Buchsta-
benfolge angesehen wer-
den kann, gleichzeitig
aber für jeden, der die
Sprache darin versteht,
eine Anweisung beinhal-
tet, wie mit den Buchsta-
ben im folgenden Satz zu
verfahren ist.

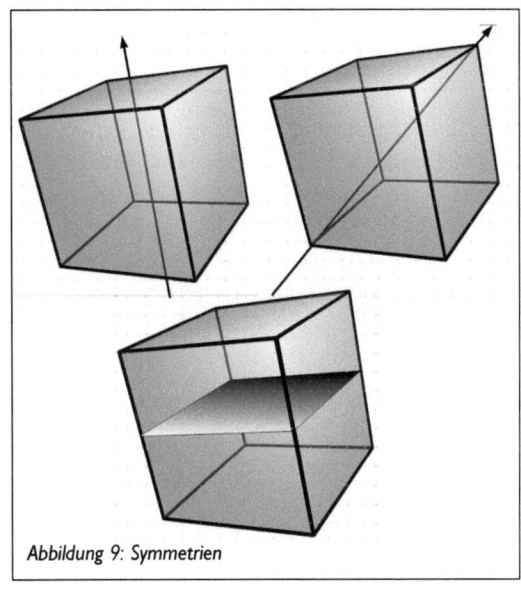

Abbildung 9: Symmetrien

Einen ersten Anhalts-
punkt für die Suche nach geeigneten Individuen kann die Quantenmechanik liefern. Die einfachsten Teilchen, wie etwa Elektronen, kennen
nur zwei Messwerte für ihren Spin. Alle anderen Teilchen verhalten sich
so, als seien sie aus mehreren solchen Spin-½-Teilchen zusammengesetzt. Ich kann mich also zunächst darauf beschränken und meine Individuen sollten genau solche einfachst möglichen Teilchen repräsentieren.
Ihr Zustand wird physikalisch beschrieben durch einen 2-dimensionalen
komplexen Vektor. Das bedeutet 4 reelle Freiheitsgrade oder Dimensionen. Eine Messung darauf wird durch eine 2x2-Matrix beschrieben.
Das sind 4 komplexen Zahlen, also 8 reelle Dimensionen. Es ist zu erwarten, dass diese 8 Freiheitsgrade eine Rolle spielen. Einen weiteren
Hinweis geben die primitivsten physikalischen Operationen – das ist
nichts anderes als der mathematische Ausdruck für eine Anweisung, wie
zu verfahren ist – auf solch einfachsten Zuständen. Die setzen sich zusammen aus drei Grundoperatoren, den sogenannten Pauli-Matrizen.

Die sollten sich irgendwie aus dem Modell ergeben, und damit auch die geheimnisvolle imaginäre Einheit *i*, die eine so überragende Rolle in der Quantenmechanik spielt. Die andere Bedingung ist rein logischer Natur. Die Operationen sollen üblichen mathematischen Anforderungen genügen und eine sogenannte Gruppe aufspannen. Damit sind bestimmte Regeln verbunden, wie ich solche Operationen miteinander verknüpfen kann.

Aus dieser Heuristik heraus wähle ich einen Würfel als einprägsame Gestalt für meine Individuen. Ein Würfel hat 8 Ecken, die irgendwie mit den Freiheitsgraden korrespondieren. Um einen Würfel zu beschreiben, brauche ich keinen Raum. Alleine über die Beziehungen von Ecken und Kanten kann ich eine solche Figur mathematisch beschreiben. Das Bild eines Würfels erleichtert nur die Vorstellung davon. Ein Würfel zeigt 3 charakteristische

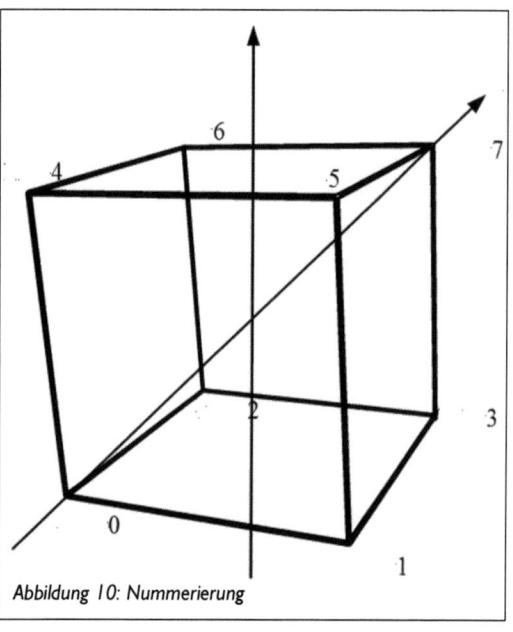

Abbildung 10: Nummerierung

Symmetrien (siehe Abbildung 9): Ich kann ihn spiegeln an einer Ebene die parallel zwischen zwei gegenüberliegenden Seiten liegt. Ich kann ihn drehen um 90° um eine Achse, die senkrecht in der Mitte einer seiner Seiten steht, und ich kann ihn drehen um 120° um eine Achse die diagonal durch zwei gegenüberliegende Ecken verläuft. Alle diese Operationen verändern den Würfel nicht und bilden ihn in sich selbst ab. Ich lege mich nun fest, dass ein Schwarm aus vielen solcher Würfeln mit irgendwie markierten Ecken bestehen soll.

Die nächste Aufgabe besteht darin, eine Kodierung zu finden, so dass jeder Würfel neben seiner Gestalt eine Anweisung bedeutet, wie mit anderen Würfeln zu verfahren ist. Ich kann nun die Ecken markieren, etwa durch rote und blaue Kugeln. Eine Ecke ist dann entweder leer, oder mit einer blauen Kugel besetzt, oder mit einer roten Kugel (siehe Abbildung 11). Damit breche ich natürlich seine Symmetrie. Die beschriebenen Anweisungen verändern nun den angereicherten Würfel, nicht aber den Würfelgestalt an sich. Ich kann meine Operationen dann noch anreichern um ein Umfärben, dass aus einer roten Kugel an einer Ecke des Würfels eine blaue Kugel macht und umgekehrt.

Jeder Würfel mit seinen blauen oder roten Kugeln repräsentiert nun immer Zweierlei: Einmal kann ich die Operationen an ihm ausführen, also ihn drehen, spiegeln und färben. Andererseits soll jeder Würfel selbst auch eine solche Operation bedeuten, kann also andere Würfel – oder auch sich selbst – verändern, durch eine Kombination aus drehen, spiegeln, färben. Wie bekomme ich nun eine solche Kodierung hin, die widerspruchsfrei die oben genannten Bedingungen erfüllt?

Was folgt, hat eher mit dem Lösen von Zahlenrätseln zu tun. Deshalb kürze ich ab und erläutere das Ergebnis solcher Überlegungen. Wenn ich eine möglichst große Gruppe von Operationen repräsentieren möchte, komme ich auf eine Zahl von 16. Das ist zufällig genau die Größe, die auch die Pauli-Matrizen aufspannen – die sogenannte Pauli-Gruppe.

Zunächst nummeriere ich die 8 Ecken des Wür-

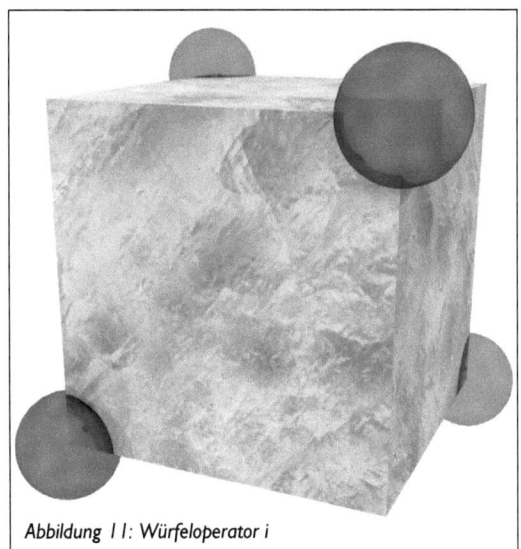

Abbildung 11: Würfeloperator i

fels von 0 bis 7 durch, wie in Abbildung 10 gezeigt. Es stellt sich heraus, dass die oben genannten 16 Grundoperationen durch Würfel repräsentiert werden können, bei denen nur 4 von 8 Ecken mit Kugeln markiert sind. Ist eine Ecke mit einer Kugel versehen, dann sind die drei benachbarten Ecken jeweils frei. Außerdem besitzt jeder solche Würfel entweder nur blaue oder nur rote Kugeln oder je 2 blaue und 2 rote Kugeln.

1. Ein Würfel mit blauen Kugeln an den Ecken {0,3,5,6} bedeutet die Anweisung, alles beim Alten zu belassen, also keinerlei Veränderungen vorzunehmen.

2. Ein Würfel mit blauen Kugeln an den Ecken {1,2,4,7} spiegelt jeden anderen Würfel an einer horizontalen Ebene.

3. Ein Würfel mit blauen Kugeln an (0,3) und roten an (5,6) färbt alle Kugeln der unteren Ebene um.

4. Ein Würfel mit blauen Kugeln an (1,7) und roten an (2,4) färbt alle Kugeln auf (2,3,4,5) um, spiegelt dann das Ganze an der horizontalen Ebene und dreht um 180° um die senkrechte Achse.

5. Ein Würfel mit blauen Kugeln an (0,5) und roten an (3,6) färbt alle Kugeln der vorderen Ebene um und dreht dann um 180° um die senkrechte Achse.

Tatsächlich verhalten sich die Operationen der Würfel 2 - 4 genau so, wie die Pauli-Matrizen der Quantenmechanik. Insgesamt gibt es 16 solcher Würfelanweisungen, die sich ergeben, wenn ich mehrere der genannten Würfel nacheinander ausführe.

Ich kann nun einen Schwarm solcher Würfel betrachten, also – um eine Zahl zu nennen – bestehend aus zehn Millionen solcher Individuen. Das ist dann so etwas wie eine ungeordnete Menge, in der natürlich jeder der 16 Würfel auch mehrfach vorkommen kann. Ein Würfeloperator kann diesen Schwarm verändern, indem er einfach jedes der Schwarmindividuen nacheinander verändert. Ein Schwarm kann aber auch selbst eine Operation an einem Würfel ausführen. Dazu führt einfach jeder einzelne Würfeloperator im Schwarm seine Anweisung an diesem einen Würfel aus. Alle Ergebnisse zusammen bilden wieder einen Schwarm. Auf diese Weise kann etwa ein Schwarm von 20 Würfeloperatoren einen anderen Schwarm mit 30 Würfeln verändern – oder auf ihm operieren – und im Ergebnis einen neuen Schwarm mit 20x30=600 Individuen erzeugen.

Nun gibt es einen Weg, den Schwarm zu vereinfachen und durch einen einzigen Würfel zu repräsentieren, der die gleiche Wirkung erzeugt. Dazu lasse ich zwei Würfel sich überlagern, indem ich beide einfach übereinander lege. Fallen dabei zwei blaue Kugeln zusammen oder zwei rote, dann bleiben die an dieser Ecke einfach erhalten. Der überlagerte Würfel hat dann einfach zwei rote oder blaue Kugeln dort an einer Ecke. Wenn dabei eine rote und eine blaue Kugel zusammentreffen, sollen die sich gegenseitig auslöschen. Die Ecke ist dann frei.

Mit dieser Regel kann ich nun fast beliebige solcher Würfel konstruieren, die an jeder ihrer Ecken eine Anzahl roter oder blauer Kugeln besitzen. Jeder solche Würfel repräsentiert die Wirkung eines Schwarms und kann auf einem anderen beliebigen Würfel Anweisungen ausführen, indem er dreht, spiegelt, umfärbt und – das ist jetzt neu – streckt. Ein Schwarm aus 2 Würfeloperatoren Nr. 1, die eigentlich nichts tun, wird nun die Kugeln an einem anderen Würfel einfach verdoppeln. Das nenne ich „strecken".

Was ich hier einmal möglichst anschaulich aufbereitet habe, kann ich mit den Mitteln der Mathematik eleganter formulieren und vereinfachen. Zunächst einmal verhalten sich meine Kugeln wie ganze Zahlen, wenn ich die blaue Kugel mit 1 und die rote mit -1 identifiziere. Meine Würfel besitzen dann an jeder Ecke eine negative oder positive ganze Zahl oder Null. Die Wirkung eines Schwarms ist dann einfach die Summe der Würfel, die sich ergibt, indem ich die Werte an korrespondierenden Ecken addiere. Ich kann also jetzt in meiner Menge von Würfeln addieren. Ich kann auch multiplizieren, indem ich eine Würfeloperation auf einen anderen Würfel anwende. So etwas nennt man in der Mathematik eine Algebra. Diese hier hat sogar die schöne Eigenschaft, dass sie nicht mehr in kleinere Teile zerlegbar ist. Tatsächlich

Abbildung 12: Zustandswürfel

handelt es sich um eine unzerlegbare Darstellung der bereits erwähnten Pauli-Gruppe. Und innerhalb dieser Algebra verhält sich der oben erwähnte Würfel Nr. 5 genau wie die komplexe Einheit *i* *(Abbildung 11)*.

Das Vereinfachungsprinzip

Damit hat mein Modell Aussicht, nicht in Konflikt mit der Quantenmechanik zu kommen. Bisher haben wir allerdings nur ein Verständnis, wie sich die sogenannten Observablen – das sind Operatoren oder Anweisungen – der Quantenmechanik wiederfinden, die ja eine Messung repräsentieren. Observable auf der einen und Zustand eines Systems auf der anderen Seite sind aber in der Quantenmechanik etwas völlig anderes und keineswegs miteinander vereinbar. Wo finden sich also die klassischen Zustände in meinem Modell, das diese Unterscheidung nicht kennt? Da ich nur auf Logik bauen kann, wird es hier wieder kompliziert. In der Tat kann ich in meiner Algebra Strukturen aufdecken, die es mir erlauben, sie in zwei kleinere Räume aufzuteilen. Diese kleineren Strukturen kann ich im Prinzip als Zustände nutzen, die dann nur noch 4 Freiheitsgrade haben.

Hier kommt noch ein Prinzip ins Spiel, auf das ich kurz eingehen will. Strenge Logik stellt äußerst harte Anforderungen an solche Modelle, die zunächst einmal nicht offensichtlich sind, später aber ein mathematisches Gebäude schnell und plötzlich zum Einsturz bringen. Jeder der schon einmal Zahlenrätsel – wie etwa ein SUDOKU – gelöst hat, kann erahnen, was ich damit meine. Naheliegende, ja fast zwingend erscheinende Lösungen stellen sich im weiteren Verlauf als kompletter Blödsinn heraus. Dann kann ich mein Spiel wieder von vorne beginnen.

Diese Prinzip, von dem die Rede ist, habe ich einmal das „Vereinfachungsprinzip" genannt. Grob gesagt bedeutet dies, dass man nur das sieht, was man sehen möchte oder sehen kann. Ich nehme also niemals jedes Detail wahr, sondern immer nur Muster, die es innerhalb einer Menge von sehr vielen Details gibt. Symmetrie- und Mustererkennung muss ich in engem Zusammenhang mit dem Phänomen Bewusstsein sehen. So ein Prinzip kann ich mathematisch fassen, indem ich Klassen aus diesen Würfeln bilde. Ich fasse also in gewissem Sinne jeweils Würfel mit gemeinsamen Merkmalen zusammen. Bei der Zusammenfassung roter und blauer Kugeln war dieses Prinzip schon im Spiel. Als ich oben einfach sagte, wir kommen herunter auf 4 Freiheitsgrade, meinte ich im Grunde ebenso eine solche Klassifizierung. Die Würfel selbst haben immer noch 8 Dimensionen, nicht aber meine Würfelklassen. Die sind nun einfacher gestaltet. Eine solche Klasse verliert zum Beispiel die Eigenschaft, eine Anweisung zu kodieren. Diese Information ist verloren gegangen.

Aus den selben Details ergeben sich in der Regel viele mögliche Klasseneinteilungen. Jede dieser möglichen Einteilungen vereinfacht die Sicht auf die Details, unterliegt dabei jeweils eigenen Regeln. Wenn ich Schach spiele, interessieren mich Figuren, Stellungen, und Brett, nicht aber die unzähligen Atome, aus denen sie bestehen. Und Schachregeln haben auch kaum etwas mit Atomphysik zu tun. Ich muss keine Quantenmechanik kennen um Schach zu spielen. Umgekehrt muss ein guter Physiker nicht unbedingt perfekt Schach spielen.

Dieses Prinzip lässt sich in meinem mathematischen Modell an vielen Stellen wiederfinden. So kann ich die verwirrenden Symmetrieeigenschaften von Quantenteilchen ohne weiteres durch das Vereinfachungsprinzip klären: Ich sehe halt nur, was ich sehen will. Die Symmetrien die man dort sieht, sind in Wirklichkeit Symmetrien, die dem Beobachter bzw. der Messung innewohnen. Dazu gehört zum Beispiel die sogenannte Austauschwechselwirkung, die darauf beruht, dass zwei gleichartige Teilchen, etwa zwei Elektronen, nicht unterscheidbar sind. Auch wenn die Marketingstrategen der Stromanbieter etwas anderes suggerieren wollen: Es gibt keinen grünen, gelben oder schwarzen Strom und erst recht keine Elektronen mit Adressaufkleber. Diese simple Tatsache hat weitreichende Konsequenzen in der Quantenmechanik.

Würfelmechanik

All das lässt sich nun ziemlich geradlinig auf das Standardmodell der Quantenmechanik abbilden. Hier wird ein Operator immer als Matrix dargestellt, hier als 2x2 Matrix mit 4 komplexen Elementen. Zustände sind Vektoren mit 2 komplexen Werten. Die Abbildung meiner Würfel auf Matrizen ist wegen der besonderen Problematik des Matrizen-Formalismus nicht eindeutig. Das muss aber hier nicht weiter interessieren.

Wichtig ist, es gibt eine solche Zuordnung und alle anderen, die auch möglich wären, sind gleichwertig. Damit kann ein Würfel nun eine Messung repräsentieren, taugt also direkt als Observable. Für den Zustand des zu messenden Systems ergibt die Zuordnung nun zunächst ebenfalls eine Matrix mit ihren 4 komplexen=8 reellen Freiheitsgraden. Die Zuordnung auf 4 Freiheitsgrade ergibt sich aus dem Modell einfach als Multiplikation dieser Matrix mit einem festen Vektor, den ich einmal als Perspektive bezeichne.

Bei den Betrachtungen zur Quantenmechanik hatten wir gesehen, dass ein Teilchen dort seinen eindeutigen Zustand „vergessen" kann, wenn zwischen zwei vorgesehene Messungen eine andere Messung geschoben wird. Das funktioniert hier genauso. Es gibt aber hier noch die andere theoretische Möglichkeit dazu. Ein Wechsel der o.g. Perspektive führt im Modell genauso zur völligen Neubestimmung des Zustandes im klassischen Sinne. In diesem Fall geschieht das allerdings ohne den eigentlichen Zustandswürfel zu verändern. Nur die Sicht auf ihn ändert sich, oder noch genauer formuliert, die Klasseneinteilung der Zustandswürfel nach dem Vereinfachungsprinzip ändert sich grundlegend.

Eine klassische Messung besteht aus einer Observablen O und einem System S. Eine Messung in meinem Modell besteht nun aus einer Observablen W_O, einem System W_S, und einer Perspektive P. Die Zuordnung ist einfach: O bleibt W_O und S wird W_S *P. Damit kann ich in meinem Modell eine quantenmechanische Messung gleichwertig darstellen, ohne Konflikte befürchten zu müssen. Ich habe halt nur eine höhere Komplexität in meinem Modell – mehr Freiheitsgrade – , die ich noch rechtfertigen muss.

Bleibt noch der Unterschied, dass mein Modell nur ganzzahlige Werte kennt. Aber auch das stellt kein ernstes Problem dar. Zum ersten spielt der Unterschied in meinen Zuständen dann keine merkliche Rolle, wenn ich sehr große ganze Zahlen voraussetzen kann – gleichbedeutend mit großen Schwärmen. Das scheint legitim. Andererseits ist es in der Physik nicht geklärt, ob ein grundlegendes Modell nicht ohnehin ganzzahlig sein müsste. Die Verwendung reeller Zahlen ist dann möglicherweise nur eine Vereinfachung und Näherung, die das Arbeiten mit physikalischen Modellen einfacher und eleganter macht.[24][25][26]

Es mag dem Einen oder Anderen seltsam erscheinen, dass ich den Gebrauch reeller Zahlen als Vereinfachung gegenüber ganzen Zahlen betrachte. Aber stellen sie sich vor, sie müssten etwa eine Geschwindigkeit berechnen als Weglänge geteilt durch die vergangene Zeit, und das mit ganzen Zahlen. Dann würde 10 Meter durch 2 Sekunden noch zu einer vernünftigen Geschwindigkeit von 5 m/s führen, aber 10m durch 3sec wäre nicht zu berechnen. Sie müssten sich bei jeder Berechnung fragen, ob die Werte denn teilbar sind – die Komplikationen wären für den praktischen Gebrauch undenkbar. Trotzdem ist eine vergleichbare Situation für die Quantenmechanik typisch. Dort hat zum Beispiel der Drehimpuls tatsächlich nur diskrete Werte, also solche, die sich wie ganze Zahlen durchnummerieren lassen. Nur Ort und Impuls bilden da eine Ausnahme und führen in der Quantenmechanik zu besonderen Schwierigkeiten bei der Anwendung des Standardmodells.

Realität

Das ist jetzt der entscheidende Punkt. Bisher waren alle Überlegungen bestenfalls eine nette Spielerei. Realität hat mit Messungen zu tun. Wie kann also der Messprozess hier interpretiert werden?

Die Idee dazu, wie das Modell zu einem Messprozess führt, ist angelehnt an das Verhalten von Sandkörnern auf einer Schalltafel. Wenn ich ein mit Sand bestreutes Blech zum Beispiel mit einer Stimmgabel oder einem Tongenerator in Schwingungen versetze, beginnen die Sandkörner wild umherzuspringen, bevor sie sich schließlich in den Wellenknoten sammeln, an denen das Blech in Ruhe ist. Nur hier können sie der Wirkung der Schwingungen (=Anweisung zu springen) ausweichen. Das Muster kann ich sehr genau vorhersagen, sogar abschätzen, wie viel Sand sich in welchen Knoten sammelt. Jedes einzelne Sandkorn verhält sich dabei aber zufällig. Ich kann nur vorhersagen, dass es sich abschließend mit einer gewissen Wahrscheinlichkeit in einem der Knoten wiederfinden wird. Ich kann aber nicht vorhersagen, auf welchem Weg es sich zu welchem Knoten hin bewegt.

Und nun folgt die Übersetzung: Im Grunde operiert jetzt ein Schwarm A auf einem anderen Schwarm S (oder auf sich selbst). Die in A kodierte Operation versetzt den Schwarm S in sprunghafte Bewegungen, mit dem Ziel, der Wirkung dieser Anweisung auszuweichen. Die in A kodierte Anweisung zeigt nun tatsächlich solche Knoten, in denen die Operation ins Leere läuft, der Schwarm S also in der Tat zur Ruhe kommt. Dabei handelt es sich nun im Kern um ein Entscheidungsmodell: In diesem Bild beschreibt die Anordnung der Knoten eine Aufgabenstellung und ihre Anzahl die Lösungsmöglichkeiten, unter denen der Schwarm wählt.

Das Problem ist, dass die Quantenmechanik hier ganz exakte Angaben macht über die Wahrscheinlichkeiten, mit denen ein Sandkorn in einem der Wellenknoten zur Ruhe kommt. Einen solchen Prozess tatsächlich zu bestimmen, ist eine echte Herausforderung. Leider bietet die mathematische Theorie stochastischer Prozesse keine direkten Anhaltspunkte, wie ein solcher Vorgang aussehen muss. Das Rezept besteht somit in Intuition, Raten und Probieren. Letzteres bedeutet für die heißen Kandidaten jeweils eine Simulation zu programmieren, diese auf einem Computer auszuführen und die Ergebnisse statistisch zu analysieren.

In der letztlich erfolgreichen Programmierung werden die Schwarmindividuen – die Würfel also – zu Software-Agenten. Der Genl-Prozess implementiert ein Entscheidungsmodell als Wettbewerb von Ideen zu Lösungsalternativen für eine gegebene Aufgabenstellung (Abbildung 14). Der Schwarm organisiert sich danach in

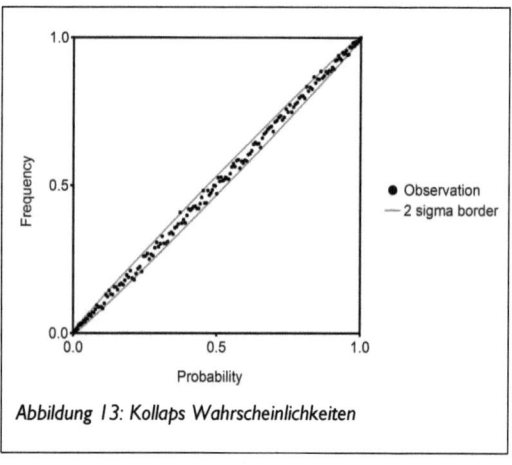

Abbildung 13: Kollaps Wahrscheinlichkeiten

Gruppen, die jeweils eine der Lösungsalternativen als Idee unterstützen. So wie im Bild der Schalltafel gibt es eine Anregung für den Schwarm an jedem Punkt. Nur in den Knoten verschwindet diese. Der Prozess lässt sich mit mathematisch verblüffend einfachen Mitteln beschreiben (Abbildung 13 zeigt das Ergebnis einer Simulation dieses Prozesses. Die Abweichungen der simulierten Ist- von den quantenphysikalischen Sollwerten bewegen sich weit unterhalb eines 95% Vertrauensbereiches). Der Ablauf des chaotischen Zufallsprozesses entspricht dabei eher den Vorgängen in einer Flamme, da ständig Agenten in den Schwarm eintreten, seine Formation verändern und ihn wieder verlassen. Und wie bei biologischen Schwärmen gilt auch hier: Fehler machen ist Pflicht und zwingende Voraussetzung dafür, dass das zuverlässig funktioniert.

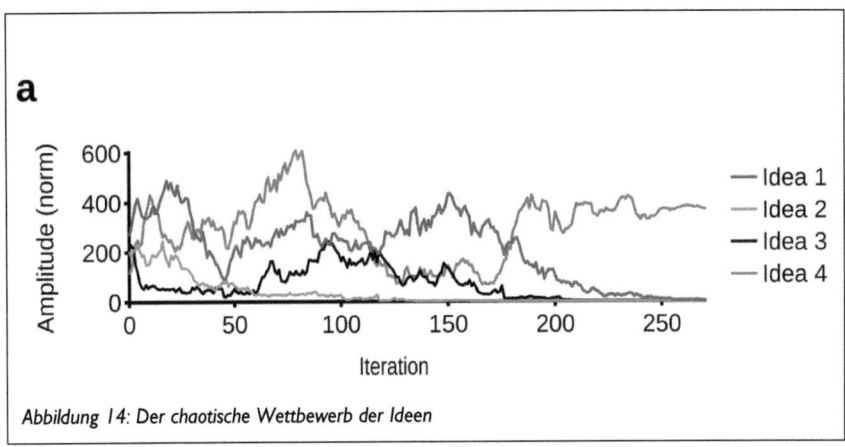

Abbildung 14: Der chaotische Wettbewerb der Ideen

Duale Realität

Auf diese Art von echtem Mess-"Prozess" gibt es zwei unterschiedliche Sichten. Die eine beachtet den Schwarm und sieht nur die aus ihrer Sicht abrupten Änderungen seiner Formation. Die andere Sicht beobachtet einen Prozess, an dem viele Individuen beteiligt sind, die irgendwie zufällig agieren, aber offenbar nicht ganz frei, sondern äußeren Einflüssen unterliegen und gewisse Trends in Ihrem Verhalten erkennen lassen. Die erste Sicht, die ich einmal die A-Sicht nennen will, hat keinen Einblick in die vielleicht Millionen Prozessschritte im Innern des Schwarms. Sie kennt nur den äußeren Zustand des Schwarms, seine Formation. Die zweite Sicht, die ich die B-Sicht nenne, hat keinen Einblick in die Formation, kennt aber die lokale Innenansicht eines Prozesses. Die Prozessschritte legen einen Begriff von Zeit nahe als Abfolge von Ereignissen. Dieser Zeitbegriff ist für die A-Sicht vollkommen irrelevant.

Wir können festhalten, dass die A-Sicht in voller Übereinstimmung mit dem Standardmodell der Quantenmechanik ist. Aber welche Rolle spielt die B-Sicht? Sollten die Veränderungen der Schwarmindividuen sich jetzt vielleicht als relativistische Bewegungen deuten lassen? Das erforderte dann ein völlig anderes Verständnis über den Zusammenhang der beiden fundamentalen physikalischen Theorien.

Es ist tatsächlich so, dass ich Methoden der Allgemeine Relativitätstheorie verwenden kann, um die Prozessdynamik zu beschreiben. Dazu muss ich die eigentlich zufälligen Aktionen meiner Schwarmindividuen statistisch zusammenfassen, also Mittelwerte betrachten[45]. Darin kommen die Trends einer Bewegung zum Ausdruck ohne die vielen zufälligen Schwankungen, mit denen die Allgemeine Relativitätstheorie nicht umgehen kann. Der äußere Einfluss durch die Messung stellt sich nun als eine Art Potential[46] oder Kraftfeld dar, das die eigentlich chaotischen Bewegungen tendenziell beeinflusst. Die Frage ist nun, ob sich die statistisch geglätteten Verläufe exakt in einer relativistischen Metrik wiederfinden, also durch gravitative Kräfte erklärbar sind.

Die Quantenmechanik liefert mir eine mathematische Handhabe, die Freiheitsgrade sinnvoll auf 3 räumliche zu reduzieren. Dazu kann ich recht elegant wieder die drei schon erwähnten Pauli-Matrizen verwenden. Zusammen mit einer Prozesszeit, die einfach die Schritte der Veränderungen zählt, kann ich die nun 4 Freiheitsgrade in eine relativistische Raumzeit so einbetten, dass alle geglätteten Bewegungen nun der Einsteinschen Theorie folgen.

Die Details dieses Prozesses sind für den normalen Leser mathematisch sicherlich anspruchsvoll (Das sollte niemanden davon abhalten, sich einmal einen unmittelbaren Eindruck davon zu verschaffen: Siehe [8]). Für einen Physiker oder Mathematiker handelt es sich dabei aber nur um Basiswissen, das weit unter den Anforderungen aktueller physikalischer Modelle bleibt.

Den abstrakten Zufallsprozess kann man nun auf verschiedene Weise interpretieren. Zunächst einmal bestimmt ein Operator so etwas wie

---

45 Es gibt zweifellos noch andere Ansätze, wie aus zufälligem Verhalten ein Raumbegriff entstehen kann [27].
46 Das ist so etwas wie das hypothetische Wohlfühlpotential meiner Termiten. Das Kraftfeld entspricht dann eher meinem Renovierungsplan.

eine Aufgabenstellung, die verschiedene Lösungen zulässt. Der Schwarm lässt sich dann deuten als ein Team, in dem verschiedene Meinungen zu diesen Möglichkeiten zunächst nebeneinander existieren. Der Prozess selbst beschreibt dann einen Wettbewerb dieser Meinungen untereinander, der solange andauert, bis eine davon abschließend gewinnt und alle anderen verschwinden. Das Team hat damit eine der gegebenen Lösungsmöglichkeiten auswählt. Es handelt sich im Ablauf um eine Art Auslese, die geeignete Schwarmindividuen begünstigt und andere in ihrer Fortpflanzung behindert.

Das Ganze erinnert damit auch an den natürlichen Wettbewerb biologischer Spezies innerhalb einer ökologischen Nische, die eine Reihe von optimalen Anpassungen erlaubt. Aus diesem Blickwinkel heraus erscheint die Gravitation dann nur noch als statistischer Nebeneffekt eines evolutionären Selektionsdrucks. Hier erhält nun die alte Frage, ob Evolution denn durch rein zufällige Mutationen und eine darauf folgende Auslese funktioniert, eine neue Aktualität. Eine gezielte Verzerrung der Wahrscheinlichkeiten, die dem Genl-Modell zugrunde liegt, würde, wenn es auf evolutionäre Prozesse anwendbar wäre, diese erheblich beschleunigen. Simulationen zeigen, dass es dabei durchaus um Faktoren von zehn bis hundert geht.

Perspektivenwechsel

An dieser Stelle können sie durchatmen. Die Ausführungen zum Modellansatz im letzten Kapitel waren für viele Leser sicher eine Zumutung, noch mehr als das vorangegangene Kapitel über die physikalischen Aspekte, die vordergründig in keiner naheliegenden Beziehung zu Bewusstsein und Intelligenz stehen. Dafür möchte ich mich in aller Form entschuldigen. Es war mir wichtig, auf diese Ebene hinabzusteigen um zu zeigen, dass es sich hier nicht um einen beliebig weichen Diskussionsstand zu einem philosophischen Thema handelt. Genauso wichtig war es nachzuweisen, dass das Modell für bewusstes Handeln bis hinein in die Physik anwendbar ist, weil ich es nur dort stichhaltig überprüfen kann. Es in seiner vollen Tiefe zu verstehen, ist dazu nicht notwendig. Es genügt, wenn sie sich durch Lektüre selbst nur weniger Zeilen daraus einen oberflächlichen Eindruck verschafft haben.

Viel wichtiger ist es, die Konsequenzen daraus zu erfassen. Das, was ich ihnen im Folgenden vermitteln möchte, abstrahiert vom vorgestellten Modell in all seinen mathematischen Details und setzt diese nicht voraus. Wichtig ist nur der Wechsel der Perspektive, die neue Sicht auf die Rollen von Bewusstsein und Realität, auf den Schwarm und seine Individuen, auf unsere innere Welt der Gedanken und die äußere Welt der Dinge, auf Quantenmechanik und Relativitätstheorie. Das ist die eigentliche Essenz aus all den mathematiklastigen Erörterungen. Das ist es, was dieses und später vielleicht einmal ähnliche Modelle zulassen und sogar zwingend voraussetzen. Daneben werde ich nur einige wenige Eigenschaften annehmen, die aber auch durch andere Untersuchungen und Erkenntnisse gestützt werden. Allein diese veränderte Sichtweise auf unsere Realität, von deren Richtigkeit ich zutiefst überzeugt bin, hat atemberaubende Konsequenzen.

Bisher habe ich mich darauf beschränkt, Fakten vorzustellen, offene Fragen zu formulieren, Zweifel zu nähren. Schließlich habe ich ein Modell vorgestellt, dass – wie bei einem Puzzle, dessen zunächst ungeordnete Teile plötzlich ein Bild ergeben – all die aufgeworfenen Punkte aufnimmt und zusammenfügt. Das Modell in sich ist schlüssig und funktioniert. Bis hierhin haben wir uns auf vergleichsweise sicherem Grund bewegt. Nun wird das Eis dünner.

Auf den Physiker und Nobelpreisträger von 1933, Erwin Schrödinger, geht ein Zitat zurück:

"... Wenn wir unser wahres Ziel nicht für immer aufgeben wollen, dann dürfte es nur den einen Ausweg aus dem Dilemma geben: dass einige von uns sich an die Zusammenschau von Tatsachen und Theorien wagen, auch wenn ihr Wissen teilweise aus zweiter Hand stammt und unvollständig ist – und sie Gefahr laufen, sich lächerlich zu machen.

Soviel zu meiner Entschuldigung.

Dublin, 1944   Erwin Schrödinger" [28]

Dies auch zu meiner Entlastung, verbunden mit der Bitte um Verständnis für einen Narren, der sich anmaßt, etwas zum wissenschaftlichen Verständnis der tiefen Zusammenhänge des Universums beitragen zu können.

Bevor ich die Folgen für unser Verständnis von Intelligenz und Bewusstsein und damit – wie wir gesehen haben – der Welt insgesamt schildere, fasse ich zunächst noch einmal zusammen, was wir im Laufe der Reise durch die verschiedenen Disziplinen gelernt haben und wo unser Modell hier Eigenschaften aufweist, die heute verfügbare Ansätze dort jeweils nicht bieten.

Von zentraler Bedeutung sind die beiden Sichtweisen, die im Grunde gleichwertig sind und den gleichen Sachverhalt beschreiben, einmal aus einer äußeren Perspektive und einmal aus Sicht einer im inneren verborgenen Welt. Das Modell ist fundamental selbstbezüglich. Schon die einfachsten Bausteine kennen diese beiden Sichten auf sich selbst. Selbstbezug ist hier etwas, das nicht erst durch Komplexität plötzlich entsteht. Beides sind Schlüssel zum tieferen Verständnis von Intelligenz und Bewusstsein.

Bei aller Verschiedenartigkeit gibt es Kriterien, die in allen hier besprochenen Wissenschaftsbereichen von Bedeutung sind. Diese lassen sich an wenigen Fragen festmachen:

- Spielt der Zufall eine zentrale Rolle oder darf das System Fehler machen?
- Kann das Modell mit Selbstbezug umgehen?
- Spielen Symmetrien eine zentrale Rolle?
- Ist strenge Logik die zentrale Basis für Vorhersagen?
- Ist der Beobachter Teil des Systems?
- Gibt es nur eine Richtung der Zeit?
- Ist das Genl-Modell durch Experiment streng im naturwissenschaftlichen Sinne überprüfbar?

Legende Ja Nein Kaum	Zufall	Selbstbezug	Symmetrien	Logik	Beobachter	Gerichtete Zeit	Überprüfbarkeit
KI : Agenten	▨	■	■	▨		▨	▨
Biologie : Schwärme	▨		■	■		▨	▨
Medizin :Neurowissenschaft		■	■	■	■		
Philosophie / Psychologie : Bewusstsein	▨	▨	▨	▨	▨	▨	■
Physik Allgemeine Relativitätstheorie	■	▨	▨	▨	■	■	
Physik Quantenmechanik	▨	■	▨	▨	▨	▨	▨
Genl-Modell	▨	▨	▨	▨	▨	▨	▨

In diesem Sinne baut das vorgestellte Modell nun tatsächlich eine Brücke. Es weist alle diese Eigenschaften auf, die eine Rolle zu spielen scheinen als Voraussetzung für bewusstes Handeln. Zudem erfüllt es die wichtigste Anforderung an ein exaktes Modell: Es ist es sehr nahe an den grundlegenden physikalischen Theorien und damit prinzipiell beweisbar.

Alle Schlussfolgerungen fußen auf nur zwei Hypothesen, die an die Wurzeln unseres naturwissenschaftlichen Weltverständnisses greifen:

1. Unser Universum, so wie wir es erleben, befindet sich in einem Prozess, der dem Treffen einer Entscheidung entspricht. Im physikalischen Sinne ist damit der Messprozess der Quantenmechanik gemeint.

2. Der Entscheidungsprozess ist ein Zufallsprozess innerhalb eines Schwarms von Individuen. Im physikalischen Kontext werden statistische Eigenschaften dieses Prozesses durch die Relativitätstheorie beschrieben. Danach ist Gravitation letztendlich der statistische Nebeneffekt eines evolutionären Selektionsdrucks.

Für den Laien klingt die erste Feststellung banal und wenig aufregend. Selbst Experimentalphysiker werden hierbei noch die Achseln zucken und sich fragen „Na und?". Jeder theoretische Physiker aber, der sich intensiv mit den Fragen beschäftigt, die hier zur Debatte stehen, wird sich reflexartig abwenden, weil er von einer grundlegend anderen, wenn auch nicht ausdrücklich begründeten Vorstellung ausgeht, zu der die Wissenschaft schlicht keine Alternative sieht.

Die zweite Feststellung ist vor allem durch das Modell belegt. Es zeigt, dass es so sein kann und das Konzept tatsächlich exakt funktioniert. Manche Physiker werden einwenden, das sei pure Spekulation und kein physikalisches Experiment würde dies belegen. Das aber ist so nicht richtig und wieder einmal eine Frage der Sichtweise auf vorliegende Fakten. Schon aufgrund der Unschärferelation führen einfache Elementarteilchen genau solche Sprünge aus, wenn ihr Aufenthaltsort unter sorgfältig abgeschirmten Laborbedingungen gemessen wird. Man muss also nur vorliegende Tatsachen unvoreingenommen akzeptieren, um einzuräumen, dass tatsächlich die Vorstellung eines sprunghaften Zufallsprozesses durch Experimente gestützt wird. Die allgemein beobachteten glatten Flugbahnen, wie etwa die der Planeten oder eines Geschosses, kommen erst im statistischen Mittel zustande. Nur diese Mittelwerte, die sehr viele sprunghafte Änderungen nivellieren, und der lenkende Einfluss des Schwarms werden durch die Gesetzmäßigkeiten der klassischen Physik beschrieben.

Noch viel folgen-
schwerer ist die Konse-
quenz für unser physika-
lisches Verständnis von
Zeit. Im Modell ist Zeit
eine Abfolge von Ereig-
nissen, keinesfalls eine
stetige Größe. All die ge-
wohnten Darstellungen,
in denen die Zeit einfach
als geometrische Achse
dargestellt wird, sind damit im Grunde falsch,

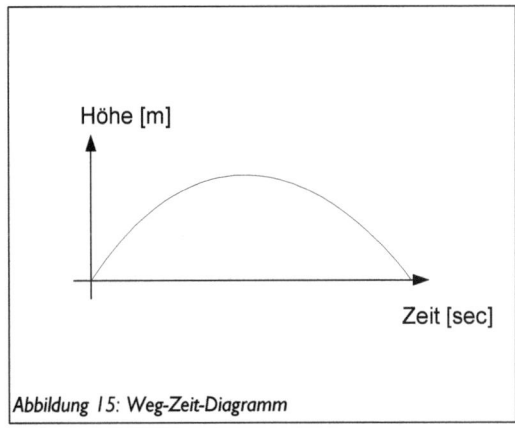

Abbildung 15: Weg-Zeit-Diagramm

weil sie suggerieren, dass ich mich in der Zeit genauso bewegen kann
wie im Raum (Abbildung 15 zeigt ein typisches Weg-Zeit-Diagramm, das
die Flughöhe eines Geschosses gegen die vergangene Zeit aufträgt.
Raum- und Zeitachse werden hier gleichartig dargestellt.) Auch diese
Feststellung ist natürlich durch Experimente belegt und sogar für jeder-
mann offensichtlich: Zeitreisen sind bis heute nur in Sciencefiction-Fil-
men möglich.[47] Zu behaupten, die Physiker hätten seit Jahrhunderten
schon hier einen fundamentalen Fehler begangen, hätten ihre überragen-
den Erfolge mit mehr oder weniger genauen Näherungen erreicht, ist
der zweite große Tabubruch, den es zu akzeptieren gilt[48].

Entscheiden sie selbst, ob sie in Kenntnis der Fakten die Hypothesen
akzeptieren, oder zumindest deren Gültigkeit in Betracht ziehen wollen.
Wenn sie zu dem Schluss kommen, dass die vorgetragenen Argumente
jeder Grundlage entbehren, beenden sie die Lektüre am besten spätestens hier.

Die Folgerungen aus der vorgestellten Sichtweise klingen extrem und
sind auf den ersten Blick sicher eine Zumutung für jeden naturwissenschaftlich vorgebildeten Leser und genauso für jeden Christen oder
Muslimen mit religiösen Überzeugungen. Insbesondere steht das Kon-

47 Im Weg-Zeit-Diagramm etwa kann ich die Höhe der Kugel tatsächlich frei in beide Richtungen
   der senkrechten Achse verändern. Soweit ist die Realität korrekt dargestellt.Die Zeit darf aber
   in Wirklichkeit nur von links nach rechts laufen. Das lässt sich aus dem Diagramm nicht ablesen, das auch in umgekehrter Richtung funktioniert. Insofern ist diese Darstellung irreführend.
48 Vergleiche dazu auch [18]

zept von Bewusstsein hier im klaren Widerspruch zum Begriff der Seele
in den beiden genannten Glaubensbekenntnissen. Ich möchte hier an-
merken, dass es durchaus Religionen gibt, die zu der Vorstellung eines
einzigen Bewusstseins, wie es hier postuliert wird, passen. Etwa spricht
die Advaita-Vedanta-Philosphie im Hinduismus von Brahman, der Wel-
tenseele, die eins ist mit Atman, der individuellen Seele und erklärt zum
höchsten Ziel eines Menschen, diese Einheit zu verstehen und vollständig zu akzeptieren. Ich habe lange über Formulierungen nachgedacht, die
näher am Vertrauten liegen, um unnötige Konflikte und Ablehnung beim
Leser zu vermeiden. Letztendlich halte ich es aber für besser, die Folgerungen aus der geschilderten Sichtweise unmissverständlich zu vermitteln und konsequent zu Ende zu denken.

Ein Bild der Welt

Zunächst will ich holzschnittartig das Bild einer Welt zeichnen, das
im Einklang mit meinem Modell steht. Es muss nicht das einzig mögliche
sein, aber es ist eines, dass zusätzlich durch Erkenntnisse und Einschät-
zungen in benachbarten Wissenschaften gestützt wird. Genauso, und
das gerade macht es zu einem vielversprechenden Kandidaten, steht das
Modell im Einklang mit den physikalischen Teildisziplinen. Nicht im Einklang damit stehen die in der westlichen Welt gängigen Bilder von Bewusstsein, Intelligenz, Individualität, Seele, Universum, Realität, die von
der Physik bis hin in die großen Religionen verbreitet werden. Es mag
unglaublich erscheinen, dass etwas so Banales wie „Drehende Würfel",
die anscheinend nur wenige Erscheinungen in extrem kleinen Dimensionen betreffen, und zudem eigentlich eine Software-Architektur beschreiben, solch immense Auswirkungen auf unser Verständnis der
Welt haben können. Darauf werde ich später noch eingehen.

Die Welt um uns herum, wie unsere Sinne sie aufnehmen, zeigt nur
die Wirkungen von Vorgängen im Universum, die ihrerseits keinen bestimmten Ort darin haben. Im platonischen Sinne sind dies in der Tat
nur die Schatten einer anderen Realität. Nur diese Abbilder haben
manchmal einen mehr oder weniger genau bestimmbaren Ort, nicht dagegen deren Ursachen. Wie das zu verstehen ist, lässt sich recht einfach
vermitteln: Jedes Kind weiß, dass die Figuren auf einem Fernsehschirm
nur Bilder sind. Die Ursachen dafür, dass sich dort etwas bewegt, sich

eine Geschichte abspielt, liegen nicht auf dem Schirm, nicht innerhalb des Gerätes, möglicherweise nicht einmal in einem einzelnen Land. Im muss sehr weit ausholen, um alle Ursachen dafür zu bezeichnen. Dazu zählen unter vielen anderen etwa Drehbuchautor, Regisseur, Schauspieler, Techniker und die Technik an sich, Funkwellen, Wissenschaftler, die die Technik erst möglich gemacht haben und so fort. All diese Ursachen sind vermutlich über die ganze Welt verstreut. Ich habe also eine räumlich genau begrenzte Wirkung, deren Ursache alles andere als eng eingrenzbar ist.[49]

Ursache für jede Veränderung, jede Entscheidung, jedes Ereignis ist grundsätzlich immer der Zustand des gesamten Universum. Trotzdem kann ich darin Strukturen aufdecken, die in gewissem Sinne eigenständig agieren. So wie ich einem Wellenmuster am Strand keinen bestimmten Ort zuordnen kann, sind diese Strukturen über den gesamten Raum quasi verschmiert. Nur das, was sie bewirken, ihre Schatten also, nehme ich manchmal an einem bestimmten Ort innerhalb meiner Realität wahr. Das, was wir gemeinhin mit Bewusstsein meinen, entspringt solchen Strukturen, Mustern oder Symmetrien. Nur das, was bewusstes Handeln bewirkt, nehmen wir über unsere Sinne wahr. Auch unser menschlicher Körper und das, was wir tun, sind nur Schatten einer oder mehrerer solcher Symmetrien, solcher Muster.

Jede dieser Strukturen handelt und verändert grundsätzlich zufällig ihren Zustand, besitzt damit so etwas wie einen freien Willen. Das Universum manipuliert „nur" den Würfel, beeinflusst also die Wahrscheinlichkeit, mit der bestimmte Entscheidungen getroffen oder eben nicht getroffen werden. Gleichzeitig sorgt es dafür, dass überhaupt etwas passiert. Dieser Einfluss und Antrieb ist es vielleicht, den wir als Seele bezeichnen, und der im Kern unser „Ich" auszumachen scheint, der uns unauffällig lenkt und nicht ruhen lässt.

Alles hängt mit Allem eng zusammen. Jede Entscheidung einer solchen Struktur ändert den Zustand des Universums insgesamt, dessen Teil sie ja ist. Und dieser Zustand wiederum verändert im Folgenden die wahrscheinlichen Entscheidungen aller solcher Strukturen. Das Universum strebt dabei einem Gleichgewicht zu. Wie letzteres aussieht, ist

49 Der Vergleich mit räumlichen Mustern ist wieder nur grob und kann im Detail irreführend sein, weil ein Raumbegriff sich im Modell nur sehr indirekt und nicht eindeutig ergibt.

wiederum abhängig von seinem eigenen Zustand, so dass sich das Ziel der Reise ständig verändert.

Der Tod bedeutet schlicht die Auflösung einer Struktur. Das Muster schwindet dahin, der Schatten seiner Wirkung verschwindet vielleicht schneller oder langsamer als es selbst. Eine individuelle Seele kann es nicht geben. Dagegen spricht auch, dass Strukturen und damit Bewusstsein nicht klar umrissen sind. Ein bestimmtes Muster kann innerhalb eines oder sogar mehrerer größerer Muster existieren. Individuen können ein Muster durchfließen, so wie Moleküle eine Flamme durchströmen, die trotz ständigem Austausch eine feste Gestalt behält.

Dass die Bahn eines geworfenen Steins keine Überraschungen bietet, legt den Schluss nahe, dass hier eine ungeheure Vielzahl von Einflüssen den Zufall im Ergebnis ausmerzen. Umgekehrt bedeutet dies, dass die freien, sprunghaften Entscheidungen eines intelligenten Wesens offenbar nur vergleichsweise wenigen Einflüssen solcher Strukturen unterliegen.

Welche Realität wahrgenommen wird, hängt von einer inneren Welt ab. Im einfachsten Fall bedeutet dies, dass eine Biene die Welt anders wahrnimmt als ein Vogel, und dieser wiederum eine andere Vorstellung von Realität hat als wir Menschen. Die innere Welt ist immer ein Spiegel der äußeren Einflüsse, denen ein Individuum unterworfen ist, und diese wiederum werden durch die Sinne übermittelt. Diese Eigenschaft, die im Modell angelegt ist, ist nicht überraschend und auch aus anderen Blickwinkeln leicht nachvollziehbar.

Das Modell bietet aber noch eine viel fundamentalere Handhabe. Es gibt darin diese merkwürdige Perspektive, die in der klassischen Theorie nicht vorkommt und die ich brauche, um das klassische Modell der Quantenmechanik abzuleiten. Ich hatte diese ursprünglich als zwar beliebig angesehen, aber sobald zum Beginn des Messprozesses eine Wahl getroffen war, hatte sie danach als unveränderlich betrachtet. Das muss aber nicht so sein, denn es gibt keine sachliche Begründung dafür, dass dies über die Messung eines einzelnen Partikel hinaus gilt. Wenn auch die Perspektive, wie der Name vielleicht dem einen oder anderen schon suggeriert hat, abhängig vom Beobachter unterschiedliche Werte annehmen kann, dann gibt es möglicherweise noch andere Realitäten, die so grundverschieden sind, dass Wesen, die in der einen davon leben, fast keine Möglichkeit haben, Ereignisse wahrzunehmen, die in der anderen von Bedeutung sind. Hier greift das Vereinfachungsprinzip im Modell, das nur sagt, dass die Welt zu vereinfachen ist, um Wahrnehmung zu ermöglichen, aber nicht, wie genau das zu geschehen hat.

Das Folgende erinnert noch mehr als in den vorhergehenden Abschnitten dieses Kapitels eher an Science-Fiction als an Wissenschaft. Ich will trotzdem diesen spekulativen Weg beschreiten um zu zeigen, welche Türen ein solches Modell öffnet, welche Fragen sich damit stellen und vielleicht einmal beantworten lassen. Jede Perspektive eröffnet eine eigene Realität. Selbst so fundamental scheinende Sachverhalte wie räumliche Nähe können nun völlig verschiedene Bedeutungen haben. Und die Unterschiede gehen weit über das hinaus, was die Relativitätstheorie über Längen- und Zeitverschiebung aussagt. Dabei ist das Prinzip dahinter wieder einfach zu verstehen. Wenn ich etwa meinen Daumen bei ausgestrecktem Arm und einem geschlossenen Auge über den Vollmond am Himmel lege, dann nehmen Daumen und Mond für mich den selben Ort ein. Wenn nun jemand anderes die Szene von der Seite, also aus einer anderen Perspektive, beobachtet, stellt sich für ihn natürlich die Situation so dar, dass Daumen und Mond ungeheuer weit voneinander entfernt sind. Der Vergleich ist nur grob und im Detail vielleicht irreführend, wenn man den Gedanken zu weit spinnt, gibt aber einen Eindruck des dahinter liegenden mathematischen Prinzips.

Nehmen wir einmal an, zwei Wesen A und B leben in zwei unterschiedlichen Realitäten dieser Art. Trotzdem teilen sie natürlich das gleiche Universum im Sinne des Modells. Jede dieser Welten wird in sich nach den gleichen Regeln funktionieren, die gleichen Kräfte und Naturgesetze kennen und damit vermutlich ähnlich aussehen. Es sei noch einmal darauf hingewiesen, dass die vollständige Sicht auf das Universum 8 Dimensionen umfasst und wir nur durch Vereinfachung auf 4 und schließlich auf 3 herunterkommen, die dann eine Realität oder Welt ausmachen. Vermutlich würden sich derart fundamental unterschiedliche Wesen nicht einmal gegenseitig wahrnehmen können. Wenn A an einem bestimmten Ort eine Wirkung entfaltet, etwa einen Nagel in eine Wand schlägt, dann ist dieser Ort für B über dessen gesamte Realität „verschmiert". Seine Welt hätte sich damit insgesamt in dem gleichen Maße verändert wie die von A, nur könnte B selbst durch eine noch so genaue Messung wohl den Unterschied nicht ausmachen. Selbst wenn etwa in der Welt von A ein Stern explodiert, dann würde dieses katastrophale Ereignis bei B fast keine lokal bedeutenden Vorgänge hervorrufen. Möglicherweise würde B an vielen Stellen seiner Welt merkwürdige Veränderungen nachweisen können, dessen Ursachen er sich kaum erklären kann, die bei näherer Betrachtung jedes einzelnen Vorfalls aber sehr wohl mit seinen Naturgesetzen in Einklang stehen würden. Der Begriff „Realität" ist damit an Beliebigkeit kaum zu übertreffen.

Definitionen und Folgerungen

Wie versprochen, gehe ich nun einige Schritte zurück und vermittle ihnen einige der Gründe, die zu dem vorangegangenen Bild führen. Im Sinne des Modells kann Bewusstsein keine herausragende Eigenschaft sein. Es ist nicht Ergebnis einer Evolution, sondern im gesamten Universum allgegenwärtig. Das macht eine allgemeine Definition nicht leichter. Der folgende Ansatz klingt daher auch auf den ersten Blick unbefriedigend und irgendwie unfertig:

Bewusstsein ist eine Erscheinung, die durch das vorgestellte Modell beschrieben wird.

Auf den zweiten Blick ist diese Beschreibung dann doch nicht so überraschend. Die Tabelle oben zeigt ja anhand einiger Kriterien auf, dass das Modell an sich Eigenschaften besitzt, die ich auch dem Wirken von Bewusstsein unterstelle. Die Definition klingt vielleicht zunächst belanglos, hat aber weitreichende Konsequenzen.

Die logische Kette sieht nun wohl so aus: Aus meinem Modell ergibt sich das Standardmodell der Quantenmechanik. Genauso scheint evident, dass sich die Allgemeine Relativitätstheorie aus einer solchen Sichtweise ableiten lässt. Letztere erklärt in der Physik unser Universum insgesamt. Damit beschreibt natürlich auch mein Modell letztlich unser Universum. **Daraus muss ich folgern, dass die Begriffe „Bewusstsein" und „Universum" in diesem Sinne nicht unterscheidbar sind.** Sie meinen dann das Gleiche aus unterschiedlichen Blickwinkeln. In meinem Modell sind diese Begriffe austauschbar.

„Bewusstsein" lässt hier keinen Plural zu, was ja auch dem allgemeinen Sprachgebrauch entgegenkommt. Andererseits kann es viele erlebbare Realitäten geben. Das ergibt sich aus dem Vereinfachungsprinzip im Modell. Glücklicherweise lässt die Sprache hier „Universen" als Mehrzahl zu. Deshalb muss ich auf den Begriff von Erleben noch näher eingehen. Mein Modell beschreibt einen abstrakten Schwarm, bei dem alle Individuen irgendwie zusammenarbeiten und ein gemeinsames Ganzes bilden. Dieser Schwarm repräsentiert unser Universum. Innerhalb dieses allumfassenden Schwarms gibt es keine festen Strukturen. Nichts ist absolut klar umrissen. Es gibt streng genommen nur noch verschwommene Formen. Ich könnte mir nun vorstellen, dass es kleinere Schwärme darin gibt, die besonders eng zusammenarbeiten. Aus Sicht des gesamten Schwarms wäre eine solches „Schwärmchen" vergleichsweise eigenständig. Es hätte dann eine weitgehend isolierte innere Welt seiner Individuen, während für den umfassenden Schwarm überwiegend sein äußeres Erscheinungsbild- seine Formation so zu sagen – zählt. Diesem Teilschwarm kann ich dann so etwas wie Erleben zuordnen.[50]

Erleben ist ein Vorgang innerhalb des Universums, dem sich eine weitgehend eigenständige Innensicht und eine überwiegend darauf beruhende Außensicht im Sinne des Modells zuordnen lässt.

Wenn man darüber nachdenkt, muss man zu dem Schluss kommen, dass hiermit eigentlich ein kleines Universum beschrieben wird, dass weitgehend selbstständig existiert. Da es aber niemals wirklich isoliert sein kann, besitzt dieses System eine echte Außensicht. Diese unterliegt Einflüssen, die sich irgendwie aus den Eigenschaften des Universums ergeben. Die Innensicht spiegelt dann unausweichlich diese Einflüsse wieder. In diesem Sinne kann ich behaupten: **Die innere Welt ist notwendigerweise ein Spiegel des Universums.** Wie dieser Spiegel genau aussieht, hängt natürlich von der Art und Struktur der genannten Einflüsse, und diese wiederum wesentlich von den Eigenschaften der eigenen Außensicht ab. Je einfacher die Einflüsse und die Außensicht sind, desto einfacher ist der Spiegel. Daraus folgt unmittelbar, dass diese Innensicht auch die eigene Existenz des Schwärmchens in irgendeiner Form berücksichtigen muss. Die Selbsterkenntnis ist dann keine beson-

---

50 Mathematisch ist die Sache ungleich komplizierter. Hier ist das Schwärmchen eine Symmetrieeigenschaft eines Operators.

dere Forderung mehr, sondern folgt aus dem Modell. Diese Definition
von Erleben deckt sich am ehesten mit unserer herkömmlichen Vorstellung von einer eigenen Existenz.

Ein solcher Zusammenhang zwischen dem Messoperator und dem
Zustand eines gemessenen Systems ist im Grunde auch in der Physik
nicht neu und von jeher ein festes Element der Quantenmechanik. Wird
ein quantenmechanisches System gemessen, dann finden sich die Symmetrien des Messoperators in den möglichen Zuständen des Systems
wieder. Der mathematische Begriff der Eigenwerte und Eigenzustände
des Messoperators meint im Grunde nichts anderes. Wenn ich ein
quantenmechanisches Teilchen messe, ist es so, als würde ich in gewissem Sinne in einen Spiegel sehen. Das System spiegelt immer die Absichten des Experimentators. Folgt man dann weiter der allgemein üblichen Argumentation, dass unsere Realität entsteht, indem das Universum vermittels der Gravitation die Überlagerungszustände auflöst – also
Messungen durchführt – dann sind wir nicht so ganz weit weg von dem
oben beschriebenen Szenario.

Ein solcher Schwarm existiert im Modell nur solange er seine Mitglieder zu Aktivitäten anregen kann. Diese innere Welt und die damit ein-
hergehende innere Zeit beginnt mit einer Messung, die mögliche Zielzu-
stände des Schwarms festlegt. Die innere Welt existiert nur so lange,
wie ein Konflikt besteht zwischen ihrem Zustand und den vorgegebenen
Zielen. Die Messung kann vordergründig durch einen anderen oder
übergeordneten Schwarm bestimmt werden. Da ich keine scharfen
Grenzen mehr ziehen kann, ist in letzter Konsequenz immer das gesamte Universum dafür verantwortlich. Mit dem Erreichen eines Zielzustand
hört der Schwarm auf zu existieren. In der Tat kollabiert hier die relativistische Metrik des Genl-Modells, das System verschwindet also in einer Singularität. Ohne Ziele gibt es kein Schwarmverhalten, keine Aktivitäten von Individuen. Schwarm und Ziele gehören untrennbar zusammen. Ein umfassenderes Modell wird darauf hinauslaufen, dass ein
Schwarm sich erst mit einer Messung bildet, also vorher nicht als solcher erkennbar existiert hat. Erst die Messung sorgt dann dafür, dass
gewisse Individuen sich organisieren.

Einfache Schwärme bilden komplexere Schwärme, deren Individuen
wieder Schwärme sind. Individuen können arbeitsteilig organisiert sein,

oder im Wettbewerb stehen. Jeder Schwarm hat eine private Innen- und eine öffentliche Außensicht. Jeder Schwarm ist Teil der Innensicht eines oder mehrerer umfassenderer Schwärme. Schwärme können zerfallen oder sich vereinen. Auf diese Weise entstehen im Modell fast beliebig komplexe Strukturen.

Bei dieser Darstellung kann es leicht zu Missverständnissen kommen. Ein Schwarm im Sinne des Modells ist als solcher nicht direkt wahrnehmbar. Er hat mit Logik zu tun, die keinem bestimmten Ort zuzuordnen ist. Wahrnehmbar innerhalb des Universums sind nur die Schatten – die Orte, an denen er eine Wirkung verursacht. Also steht etwa auch ein Vogelschwarm nur für die Wirkung von etwas, das im Hintergrund steht und dem ansonsten kein bestimmter Ort zukommt.

Physikalische Interpretationen

Es spricht nichts dagegen, auch zukünftig den Begriff „Bewusstsein" aus der Physik zu verbannen. Wir können uns ohne weiteres auf den Begriff „Universum" beschränken, das ich dann unter zwei verschiedenen Blickwinkeln betrachten muss.

Die Allgemeine Relativitätstheorie beschreibt die innere B-Sicht des Universums während einer Messung. Seine äußere A-Sicht gehorcht dabei den Regeln der Quantenmechanik. Diese Sichtweise setzt voraus, dass sich unser Universum aus quantenmechanischer Sicht nicht in einem gleichförmigen, sogenannten unitären Prozess befinden kann. Entgegen allem Konsens unter Physikern haben wir es mit einem Kollaps zu tun. So etwas kommt im Standardmodell nur im Zusammenhang mit einer Messung zustande. An dieser Stelle kann ich nun aber die Frage beantworten, wer denn diese Messung ausführen sollte. In meinem Modell kann durchaus das Universum selbst dies tun, also den Prozess durch Selbstbezug anstoßen und aufrecht erhalten. Da nun aber die Messung sich ständig selbst verändert, muss der Kollaps nicht zwangsläufig ein schnelles Ende bedeuten. Eine solche Selbstmessung lässt sich in der Simulation schön verfolgen. Wenn die Ziele sich ständig ändern, kann auch ein Zusammenbruch ganz schön lange dauern, vielleicht sogar immer nur ein bisschen und niemals ganz stattfinden.

Das Modell beschreibt einen Weg, wie Quantenmechanik und Allgemeine Relativitätstheorie auf ein gemeinsames Fundament zu stellen sind. Ich kann nicht so weit gehen zu behaupten, genau das vorliegende sei das Modell, auf dem aufzubauen ist. Dazu sind zu viele Fragen offen, deren Beantwortung insgesamt einfach meine vorhandenen Möglichkeiten übersteigt. Wichtig ist es, die Sichtweise auf eine mögliche Vereinigung dieser grundlegenden Theorien zu ändern. Darin ist der geschilderte Ansatz neu und kommt in der physikalischen Literatur bisher so nicht vor.

Die schon erwähnte Simulation zeigt auch sehr schön die Wirkung mehrerer Schwärme in einem System untereinander. Darin werden die beiden Zielgrößen der Messung durch die positive und negative z-Achse repräsentiert. Ein Schwarm alleine würde dort immer in Richtung dieser vertikalen Achse streben. Ist noch ein anderer Schwarm im gleichen System, der unabhängig agiert, dann verschiebt das diese Achse und der Schwarm erfährt quasi Kräfte, die nun auf einen anderen Ort zielen. Könnte er über die Situation nachdenken, würde er den Schwarm, der diese Veränderung verursacht irgendwo bei der Quelle der Kraftwirkung suchen, was natürlich unsinnig ist. Wir hatten eine ähnliche Diskussion schon bei den Systemen unabhängiger Software-Agenten im Kapitel „Künstliche Intelligenz" geführt. In der klassischen Physik ist es nun so, dass Massen die Quelle der Gravitation als Kraftwirkung sind.

Die mathematischen Details meiner Ableitung der relativistischen Realität legen nahe, dass die Allgemeine Relativitätstheorie nur im Bereich großer Massen, etwa innerhalb oder in der Umgebung von Galaxien, exakte Resultate liefert. Im leeren Raum abseits aller Massen und Energieansammlungen, wo das statistische Gesetz der großen Zahlen nicht so einfach zur Geltung kommt, könnte es zu nennenswerten Abweichungen der Beobachtung mit der Theorie kommen.

Interessant ist auch die Konsequenz für die Suche nach dem Graviton, dem quantenmechanisch geforderten Austauschteilchen für die Schwerkraft. Wenn dieses Modell so oder in ähnlicher Form zutrifft, hätte das bislang unauffindbare Graviton einen Durchmesser von einigen Milliarden Lichtjahren und wir sind mitten drin. Das Graviton würde nämlich das gesamte Universum in einer fiktiven Außensicht repräsentieren, während die Allgemeine Relativitätstheorie seine Innensicht beschreibt.

Fragen und Antworten

Kann ein Konzept wie Verhalten physikalische Prozesse beeinflussen und nicht nur umgekehrt? Können Absichten oder kann Bewusstsein Kräfte im physikalischen Sinne verursachen oder verändern?

Mit Verhalten und Absicht ist hier eine von außen beobachtbare Eigenschaft weitgehend isolierter Systeme gemeint. Ein solches System besitzt eine Innensicht und eine Außensicht. Physikalische Kräfte beschreiben die Innensicht, während die Außensicht des Systems solche Begriffe wie Verhalten und Absicht kennt. Beide Sichten hängen bei diesen als weitgehend eigenständig betrachteten Systemen sehr direkt zusammen. Danach ist die Sichtweise richtig, dass hier Absichten Kräfte beeinflussen. Allerdings kann dieser Einfluss in großen Schwärmen und fortgeschrittenem Entscheidungsprozess marginal ausfallen.

Warum verhalten sich Teilchen bei Messungen zufällig?

Im Modell ist das quantenmechanische Verhalten von Teilchen Ergebnis eines inneren Prozesses, der ein Schwarmverhalten beschreibt. Das Ergebnis dieses eher chaotischen Entscheidungsprozesses ist von außen nicht vorhersagbar.

Wie soll man sich das vorstellen? Wer misst denn die Trilliarden Teilchen im Universum, damit sie sich zu Sternen und Planeten einfinden können?

Das Universum selbst kann im Modell diese Messung an sich selbst ausführen. Da die Wirkung im Innern vor allem durch die Gravitation vermittelt wird, ist die allgemeine Einschätzung der Physiker wohl richtig, dass Gravitation für die Entstehung unserer Realität ausschlaggebend ist. Nur der Blickwinkel darauf ist zu ändern.

Philosophische Interpretationen

Der Begriff „Bewusstsein" wird in der Philosophie in vielen Bedeutungen verwendet. Ich will ihn hier zunächst im Sinne von „Bewusstsein meiner Selbst" auslegen, meine damit also ein individuelles Bewusstsein und dem damit verbundenen Verhalten. Die modellhafte A-Sicht ist dann die äußere Sichtweise auf denjenigen, der bewusst handelt und Entscheidungen trifft. Wichtig ist hier nur der Schritt vom Stellen einer

Aufgabe oder Frage, bis zur Lösung oder Antwort. Wie eine Entscheidung zustande kommt, ist dabei nicht wichtig. Die B-Sicht beschreibt das nach Platon „gefangene Ich". Sie charakterisiert die innere Welt desjenigen, der entscheidet. Nur er weiß, welchen Motive ihn zu einer Entscheidung führen, welche Schritte sein Geist durchläuft, welche kreativen Geistesblitze stattfinden. Gleichzeitig ist derjenige, der beobachtet, wiederum in eine umfassendere Innensicht eingebunden, in eine aus seiner Sicht äußeren Welt, die er mit dem Beobachteten teilt. All das findet im Modell eine klar umrissene Beschreibung.

Zum Gruppenverhalten gibt das Modell konkrete Hinweise, wie so etwas zu modellieren ist. Man kann die Prinzipien übertragen auf psychologische Aspekte im Entscheidungsverhalten menschlicher Gruppen.

Angenommen, eine Gruppe von Menschen hat die Aufgabe, ein gegebenes Problem zu lösen. Bei der Gruppe könnte es sich etwa um eine Lotto-Tippgemeinschaft handeln und das Problem könnte lauten, gemeinsam eine Zahlenreihe zu wählen. Natürlich ist die Situation erheblich komplexer als in einem physikalischen System aus einfachen Teilchen. Jedes Mitglied der Gruppe ist noch ganz anderen Einflüssen unterworfen: individuellen Erfahrungen, Rangordnung, Überzeugungen und dergleichen. Davon kann ich ein solches Experiment in der Praxis niemals vollständig abschirmen. Im Gedankenexperiment kann ich aber ideale Annahmen treffen und die Ziele der Gruppe auf das eine Problem eingrenzen.

Mein Modell kann ich dann auf den Entscheidungsprozess anwenden, der letztendlich zu der Angabe der 6 Zahlen durch die Gruppe führt, womit die Aufgabe dann gelöst wäre. Es macht keine Angaben darüber, wie lange dieser Prozess dauert und welche Zahlen dabei herauskommen. Beides ist dem Zufall unterworfen. Das Modell schreibt aber vor, dass zunächst eine Findungsphase stattfindet, die weitgehend zufällige Zahlen liefert, wobei die Gruppenmitglieder recht lebhaft agieren. Je näher der Diskussionsstand einer Lösung der Gruppenaufgabe kommt, desto ruhiger verläuft der Prozess. Die durch Gruppenmitglieder bereits getroffenen Entscheidungen wirken gleichzeitig immer stärker bindend. Dieser Gruppenzwang führt letztendlich zu einer abschließenden Entscheidung. Danach hört die Gruppe auf als solche zu existieren. Aber natürlich können sich die Mitglieder wieder zusammenfinden, um gemeinsam an der Lösung der nächsten Aufgabe zu arbeiten.

Zum Thema Bewusstsein stellt das Modell konkret eine philosophische Richtung in den Vordergrund: Es kann offenbar nur ein echtes unabhängiges Bewusstsein geben. Alles andere sind bestenfalls nahezu eigenständige Einheiten, die aber niemals vollkommen unabhängig sein können. Darüber hinaus ist Bewusstsein als etwas sehr Zentrales anzusehen, nicht etwas, dass aus genügend großer Komplexität und Organisation plötzlich erst entsteht.

Ich kann nun Überlegungen anstellen, welche Systeme denn als „bewusst" erlebbar sind. Erleben hat im Modell mit weitgehend isolierten Systemen zu tun, die eine eigenständige Innen- und Außensicht kennen. Übersetzt in die Physik handelt es sich dabei um Teilsysteme, die durch Dichten beschrieben werden. Solch eine Dichte kann in ihrer Gestalt sehr nah an eine echte Wellenfunktion herankommen, wenn ein System quantenmechanisch weitgehend isoliert ist. Das ist zum Beispiel bei Messungen unter sorgfältig abgeschirmten Laborbedingungen der Fall. In diesem Fall kann ich natürlich den Raum, in dem ich den Kollaps-Prozess und damit die innere Welt vermute, eng eingrenzen, nämlich auf meine Versuchsanordnung. Leider lässt sich aber keine generelle Aussage machen dazu, wo sich denn ein Kollaps-Prozess innerhalb des Universums abspielt. Ich kann nicht unterstellen, dass nur eine räumlich eng begrenzte Struktur selbständig bewusstes Verhalten zeigen. Neben einem Menschen und einem Tier kämen also auch „Alle Elektronen im Universum" oder „Alle Wälder dieser Erde" in Frage, die in einer Außensicht intelligentes oder bewusstes Verhalten an den Tag legen. Interessant ist dann eine Antwort auf die Frage zu finden, welches Erleben ein solches Konstrukt besitzt, wie also die wahrgenommene Realität aussieht.

Fragen und Antworten

Ist mein Empfinden, dass ich existiere, überhaupt an diesen Körper gebunden?

Die Antwort hängt davon ab, was ich denn mit diesem Empfinden meine. Geht es um das eigene Erleben, dann gibt es sicher einen starken Zusammenhang zwischen meinem biologischen Körper und der im Inneren verborgenen Welt. Jede solche Zuordnung ist aber unscharf. Geht es um Bewusstsein im strengen Sinne des Modells, dann kann es keinen direkten Zusammenhang geben.

Und wäre es andernfalls überhaupt sinnvoll, von mehreren Bewusstseinsinstanzen zu sprechen?

Wenn ich Bewusstsein streng definieren will, dann kann es nur ein Bewusstsein geben. Mein persönliches „Ich" wäre dann so etwas wie ein Echo des Universums.

Eigentlich muss ich alles Materielle abtrennen und gesondert betrachten. Dazu zählt mein Gedächtnis und meine Wahrnehmung. Was bleibt dann noch von mir?

Meine körperliche Individualität, mein persönliches Erleben, endet mit meinem Tode. Da lässt das Modell leider keinen anderen Schluss zu. Den Rest überlasse ich weiter den diversen Religionen.

Hat etwa Bewusstsein mit Logik zu tun, die in der Lage ist sich selbst zu betrachten? Schlüsse aus dem Zustand dieser Logik zu ziehen und diese Logik zu verändern? Worauf könnte solche Logik denn aufbauen, wenn nichts Materielles zugrunde liegt, wenn Raum und Zeit keine Bedeutung haben?

Das Modell beschreibt ein Konstrukt aus Logik und Symmetrien. Nichts anderes wird vorausgesetzt. Raum und Zeit ergeben sich erst aus dem Modell. Auch die Bedeutung der imaginären Zahl i für die Quantenmechanik folgt erst daraus.

Weshalb verhält die Welt sich logisch?

Das ist so, weil im Modell Logik das Fundament für jede Realität ist. Das Standardmodell der Quantenmechanik folgt direkt daraus. Aus dem gleichen Modellansatz lassen sich auch die Regeln der Allgemeine Relativitätstheorie ableiten. Damit fußen die beiden großen physikalischen Theorien auf Logik und Symmetrien.

Kann es Zeit geben, ohne dass irgendjemand sie erlebt? Kann es überhaupt Realität geben, ohne dass jemand sie wahrnimmt?

Realität und Zeit können durchaus existieren, ohne dass jemand innerhalb des Universums das wahrnimmt. Allerdings spielt das Universum insgesamt eine Beobachterrolle, indem es sich selbst wahrnimmt. Insgesamt muss man sagen, Realität und Zeit im Modell existieren genauso lange, wie das Universum sich in einem Zielkonflikt befindet und der zufällige Prozess der inneren Welt läuft. Außerhalb dieser Spanne macht weder das Eine noch das Andere Sinn.

Bewusstsein – ist was bleibt, ohne Erinnerung, ohne Wahrnehmung:
Ein Funke – ich bin.

Was unterscheidet dann noch meine Identität von deiner? Es gibt keinen Unterschied, sie sind gleich, identisch, es gibt nur ein Bewusstsein!

Es ist nicht viel, was bleibt, und doch Alles. Ohne Erinnerung, ohne Wahrnehmung, nichts ist wichtig, Zeit, Raum irrelevant, nur sich selbst überlassen, wo ist ein Sinn? Spiele, Aufgaben stellen, Aufgaben lösen, Ziele, Veränderung, innere Strukturen. Mit wem kann ich spielen? Da ist niemand außer mir selbst. Ich weiß nur, wie ich mich fühle, kann meinen Zustand wahrnehmen, verändern und Schlüsse ziehen, eine Welt erschaffen aus Logik und Fakten, meine innere Welt. Meine Stimmung alleine ist Fakt, eins mit dem Zustand meiner Welt. Stimmungen verändern die Welt, meine Welt bestimmt meine Stimmung. Ich lerne, mich wahrzunehmen, aus unzähligen Perspektiven, alle gleichwertig, eigenständig, Augen, Ohren. Perspektiven agieren nach meinen Regeln, nehmen wahr, wechseln, verlieren Bedeutung, werden vergessen. Hat jede Perspektive ein eigenes Bewusstsein? Was für eine Frage?

Irgendwann verliert meine Welt an Bedeutung, wird vergessen, hat nie existiert. Ich wünsche mir eine Welt, die ewig besteht, nicht endende Erinnerungen. Ich bestimme die Regeln.

Ich bin – fast Nichts – und umfasse das Universum.

Biologische Interpretationen

In der Biologie ist die A-Sicht des Modells die Perspektive von außen auf den Schwarm, die nur Formationen kennt. Dabei ist unwichtig, wie diese zustande kommen. Es zählt nur der äußere Anlass und das Ergebnis. Die Innensicht ist die Sicht der Individuen, die lokal handeln, nur ihre Umgebung direkte wahrnehmen und einfachen Prinzipien folgen. Ein Schwarm kann seinerseits wieder Mitglied eines umfassenderen

Schwarms sein. So entsteht fast beliebige Komplexität.

Das Modell beschreibt Schwarmverhalten mit vielen Aspekten, die auch in biologischen Schwärmen beobachtet werden. Natürlich ist ein Fisch oder eine Termite ein ungleich komplexeres Wesen als ein quantenmechanisches Teilchen. Insofern ist nicht zu erwarten, dass das Modell exakt anwendbar ist. Trotzdem sollten die Grundprinzipien des Schwarmverhaltens im Kleinen auch hier durchscheinen.

Übertragen auf biologische Schwärme, besagt mein Modell folgendes: Wirkt ein Reiz auf den Schwarm ein, dann beginnen die Individuen während einer Findungsphase auf diesen Reiz zu reagieren, lokal durchaus vernünftig und nachvollziehbar, aber mit Fehlern bzw. Zufälligkeiten behaftet. Nach kurzer Zeit sollte dann Nachahmungsverhalten einsetzen und überwiegend die Reaktionen der Individuen beeinflussen. Das ist dann die tatsächlich beobachtete lokale Orientierung von Individuen im Schwarm und ist aus Sicht des Modells notwendig, um eine eindeutige Formation zu erreichen. Wichtig ist aber auch hier, Ziele auf Ebene des Schwarms ausdrücklich zu betrachten. Denn genau das findet im Modell statt. Die Individuen reagieren zwar individuell, sind aber systematischen Einflüssen unterworfen, die nur auf der Ebene des Schwarms zusammen mit einem aktuell vorliegenden Umweltreiz zu verstehen sind. Jedes Individuum muss so etwas wie eine Empfindung für den Schwarm insgesamt besitzen, die es anders reagieren lassen als ohne dieses Umfeld. Im Modell ist der Schwarm die Ursache für dieses Empfinden.

Es wäre denkbar, vage Parallelen zu physikalischen Systemen, die zweifelsfrei erkennbar sind, sehr konkret zu fassen. Das betrifft auch die Frage, wie Evolution denn möglicherweise abstrakte Konzepte verfolgen kann und welchen Einfluss das auf die Auslese hat.

Fragen und Antworten

Gibt es so etwas wie ein Solidargefühl, welches das Wohl des Schwarms über die eigenen Bedürfnisse stellt? Vermittelt der Schwarm vielleicht so etwas wie ein „Bauchgefühl", das jedem Individuum sagt, was es tun oder besser lassen sollte? Wie verfolgt nun ein Schwarm Ziele, findet Futterquellen, verteidigt sich gegen Feinde?

In der Tat muss es einen direkten Einfluss eines Schwarms auf seine Individuen geben, der Ausdruck einer Absicht ist. Alle Schwärme, die ich mit dem Modell beschreibe, beziehen Ziele des Schwarm ausdrücklich in die Steuerung des inneren Prozesses ein. Ohne Ziele gäbe es nicht einmal Bewegung. Ein Schwarm ohne Ziel stirbt genauso wie einer, der sein finales Ziel erreicht.

Aber warum entscheidet der Schwarm in einigen Fällen, dem Ausreißer zu folgen, in anderen Fällen nicht, so dass der Initiator sich nach kurzer Zeit wieder dem Schwarm anschließt?

In der Tat muss ich die Sichtweise einnehmen, dass der Schwarm sich in einem Zielkonflikt befindet. Erst dieser Konflikt führt ursächlich zu hektischen Aktivitäten der Individuen und prägt gleichzeitig eine Auslese aus diesen zufälligen Ereignissen. Im Modell äußert sich die Auslese durch ein Potential, das die eigentlich freien Entscheidungen der Individuen beeinflusst. Ich kann auch den Standpunkt vertreten, jedes Individuum kann völlig frei entscheiden. Jede Entscheidung wird aber unmerklich verfälscht. Abstrakt ausgedrückt kann man von einer Verzerrung des Entscheidungsraums sprechen.

Künstliche Intelligenz

Hier sind wir wieder beim Ausgangspunkt der Reise angelangt. Das Modell gibt direkte Hinweise, wie neuartige Agentensysteme erstellt werden können. Die schon erwähnte Simulation liegt ja bereits vor. Das Programm dazu implementiert genau solche Agenten, die jeweils einen Basis-Schwarm repräsentieren und auf sich selbst operieren können, d.h. in der Lage sind, die eigene Logik zu verändern. Das System kennt keine Trennung zwischen Agenten und Gedächtnis. Das Schwarze Brett ist nichts anderes als die Gesamtheit der Agenten. Jeder Agent hat einen inneren Zustand der gleichzeitig seine Programmlogik festlegt. Beide sind nur verschiedene Sichten auf das selbe Konstrukt.

Leider muss ich derzeit offen lassen, wo sich so etwas heute schon sinnvoll in der Praxis anwenden lässt. Grundsätzlich folge ich der Analyse eines Roger Penrose [7][5], der bestehende Computer außerstande sieht, echtes intelligentes Verhalten zu zeigen. Hierzu sind meines Erachtens grundlegend andere Rechnerarchitekturen notwendig. Vordergründig sehe ich das praktische Hauptproblem in der Rückmeldung des Systems an die Agenten. Ein großer Schwarm verschlingt enorme Rechenleistung, um diese Rückwirkung zu berechnen. Zusätzlich sorgen Rundungsdifferenzen für erhebliche Verzerrungen. In der Natur findet die Rückmeldung sofort, ohne messbaren Zeitverzug statt.

Voraussetzung für die Anwendbarkeit wäre dann eine völlig andere Rechnerarchitektur. Nicht einmal die heute angedachten und in Entwicklung befindlichen Quantencomputer können hier eine Lösung bieten, weil die speziellen Effekte dort nur genutzt werden zur weiteren Miniaturisierung und Beschleunigung. Trotzdem bin ich vorsichtig optimistisch, dass irgendwann einmal Quanteneffekte in Computern auf eine Weise genutzt werden können, die echte Intelligenz ermöglicht. Solche Systeme müssten vermutlich in der Lage sein, großräumig über ein ganzes Netzwerk hinweg dauerhafte Überlagerungszustände zu erzeugen und zu manipulieren. Der vorliegende Ansatz könnte dann ein Schlüssel sein, echte Intelligenz tatsächlich künstlich zu erzeugen. Das alles ist heute noch Zukunftsmusik – und wahrscheinlich ist das unser Glück.

Fragen und Antworten

Wie entsteht Intelligenz? Ist dies ein Ergebnis bloßer Komplexität oder fehlt noch Grundsätzliches im Modell?

Ein im allgemeinen Verständnis intelligentes Verhalten kann nur in sehr komplexen Systemen entstehen. Ob nun Intelligenz die Ursache für Bewusstsein oder die Wirkung ist, sei dahingestellt. Das ist dann auch eine Frage, wie ich Bewusstsein definieren will. Im strengen Sinne kann ich aber die Grenze zwischen intelligentem und unintelligentem Verhalten nicht ziehen. Wenn ich konsequenterweise intelligentes Verhalten gleichsetze mit bewusstem Verhalten, dann ist Intelligenz ein ähnlich grundlegender Baustein der Natur wie Bewusstsein. Der vorgestellte fundamental selbstbezügliche Ansatz ist vielleicht geeignet, wirklich intelligente Systeme zu konstruieren, sobald die Technik das zulässt.

Gibt es im naturwissenschaftlichen Sinne überhaupt so etwas wie Bewusstsein?

Natürlich bleibt das eine Frage des Standpunkts. Im physikalischen Sinne schreibe ich persönlich einem System Bewusstsein zu, wenn sein Verhalten durch eine quantenmechanische Wellenfunktion beschrieben werden kann. Dann kann ich die gleichwertige Frage stellen, ob es so etwas wie eine Wellenfunktion im naturwissenschaftlichen Sinne gibt. Da dürften dann auch unter Physikern die Meinungen auseinandergehen. Ich selbst vertrete die Ansicht, dass alle Begriffe, mit denen ich die Welt um mich herum zuverlässig beschreiben kann, im wissenschaftlichen Sinne auch existieren. Auch ein Baum und ein Gedanke sind letztendlich nur Begriffe.

Dialog S/ W – Eindrücke

Und hier noch einmal Sonja und Werner beim Abendessen:

S: „Na, hat sich die Mühe gelohnt? Weißt du jetzt wie Intelligenz und Bewusstsein funktionieren?"

W: „Ich denke schon. Zumindest ich bin überzeugt, dass diese Sichtweise auf unsere Realität die richtige ist. Eigentlich wollte ich nur selbst verstehen, wie die Welt funktioniert, welche Rolle wir darin spielen. Davon habe ich jetzt eine viel konkretere Vorstellung, die ich sogar in Mathematik ausdrücken kann und die irgendwann einmal beweisbar sein könnte."

S: „Was waren denn die größten Überraschungen auf dem Weg?"

W: „Am Anfang ist mir aufgefallen, dass bewusste Entscheidungen offenbar nach ähnlichen Regeln ablaufen wie der Messprozess der Quantenmechanik. Diese Analogie ging viel weiter, als ich zunächst erwartet hatte. Das war schon so eine Überraschung, obwohl ich schnell herausgefunden habe, dass die nicht neu war. Schon vielen anderen ist das aufgefallen und war schon Anlass zu den wildesten Spekulationen. Die Physiker haben aber nie ernsthaft in Erwägung gezogen, dass da mehr hinter sein könnte als eine interessante, aber bedeutungslose Analogie. Bei weiteren Ansätzen stellte sich heraus, dass die nur dann widerspruchsfrei sind, wenn Bewusstsein etwas sehr Zentrales ist. Auch das war nicht neu. Da gibt es ganze philosophische Richtungen, die sich mit diesem Aspekt befassen."

S: „Wenn das alles schon diskutiert wird, warum habe ich dann noch nichts davon gehört? Gerade die beliebten Wissenschaftssendungen im Fernsehen hätten das doch schon aufgreifen müssen."

W: „Das liegt daran, dass nichts davon im naturwissenschaftlichen Sinne beweisbar ist. Das sind Meinungen, die in philosophischen Zirkeln vertreten werden. Leider gibt es aber zu jeder solchen Position auch eine genauso überzeugend vorgetragene Gegenposition. Da ich aber aus einer mathematisch naturwissenschaftlichen Sichtweise an das Problem herangetreten bin, war das alles neu für mich. Das Spannende war im Rückblick dann eher der ungewöhnliche Weg dorthin."

S: „Das klingt ja nun eher wie ein nettes Hobby, so wie den Eiffelturm zu fotografieren, obwohl das schon Millionen Leute vor dir gemacht haben. Bist du denn mal irgendwo angekommen, wo noch niemand vorher war?"

W: „Mit absoluter Sicherheit kann ich das nicht sagen. Fast jede Idee in dem Zusammenhang ist schon einmal in den letzten Jahrtausenden niedergeschrieben worden. In der heutigen Zeit muss ich aber einen Weg finden, so etwas zu beweisen. Neu ist vermutlich ein streng mathematisch fundiertes Modell für Bewusstsein, das eng genug an der Physik ist, um prinzipiell beweisbar zu sein. Und neu ist nach meiner Ansicht die Sichtweise auf die beiden physikalischen Theorien. Die steht tatsächlich in krassem Widerspruch zu allem, was ich in der physikalischen Literatur gefunden habe. Unser Universum, so wie wir es erleben, befindet sich in einem quantenphysikalischen Kollaps und eben nicht, wie immer behauptet, in einem stetigen gleichmäßigen Prozess. Als mir diese und andere Dinge klar wurden und wie Puzzlestücke ins Bild passten, waren das schon euphorische Momente. So wie vielleicht nach einem tagelangen, ziellosen Marsch durch die Wüste plötzlich und unerwartet vor einem See zu stehen. Aber die Reise ist noch lange nicht zu Ende und ich freue mich schon auf weitere Erlebnisse dieser Art. Solange ich Spaß daran habe, werde ich sie fortsetzen, wo immer meine Zeit das erlaubt."

Glossar

Abbildung – ist in der Mathematik ein Begriff für die Zuordnung von Elementen einer Menge zu Elementen einer anderen Menge. Wenn ich beispielsweise meine Bücher durchnummeriere, dann ist das eine Abbildung aus der Menge der Natürlichen Zahlen in die Menge meiner Bücher.Aus der Schule kennen viele noch den Begriff der Funktion: Das ist eine solche Abbildung – meist zwischen reellen Zahlen.

Agent – Speziell Software Agenten sind eigenständige Programme, die unabhängig voneinander an einem gemeinsamen Ziel arbeiten. Vergleichbar ist das mit der Situation, dass viele Autoren von zu Hause aus unabhängig Beiträge zu einem gemeinsamen Buch schreiben. Dazu müssen natürlich die Ziele klar vorgegeben sein. Etwa „Es soll ein spannender Krimi im Raum Nordeifel werden" und eine grob umrissene Geschichte. Alle Autoren müssen dann ständig die Ergebnisse der anderen einsehen können, damit daraus ein homogenes Werk entstehen kann. Der Ort, an dem jeder seine Ergebnisse laufend bekannt macht, und den jeder jederzeit einsehen kann, ist dann das **Schwarze Brett**. Man unterscheidet **kognitive und reaktive Agenten**. Nur erstere verfügen über ein eigenes Gedächtnis, in dem sie Fakten oder Teilergebnisse für den eigenen Gebrauch abspeichern können. Reaktive Agenten können nur extern schreiben und lesen.

Algebra – ist in der Mathematik eine Menge, deren Elemente ich addieren und multiplizieren kann. Die ganzen Zahlen sind zum Beispiel eine solche Algebra. Allgemein sind aber komplexere Gebilde gemeint, deren Elemente keine herkömmlichen Zahlen sind.

Allgemeine Relativitätstheorie- abgekürzt **ART** wurde 1916 von Albert Einstein veröffentlicht und beschreibt Vorgänge im Universum unter Einwirkung der Schwerkraft.

Auslese – bezeichnet einen Vorgang bei der Evolution, der dafür sorgt, das erfolgreiche Varianten von Tieren oder Pflanzen an die Nachkommen weitergegeben werden und negative Veränderungen aussterben.

Bewusstsein – Eine von vielen Definitionen ist diese aus Sicht der KI: Ein System verfügt über Bewusstsein, wenn es selbstständig aufgrund von Informationen aus dem Umfeld fähig ist, sich zwischen verschiedenen Verhaltensmöglichkeiten zu entscheiden, bevor eine davon umgesetzt wird. Voraussetzung für den Entscheidungsprozess ist, dass das System einen Ausschnitt aus der Wirklichkeit über seine Sinne wahrnimmt und sich daraus ein Bild dieser Welt konstruiert, das das System selbst enthält. Umgangssprachlich schlägt sich das in der Formulierung „sich seiner selbst bewusst sein" nieder (Hofstadter, Dennet). In diesem Modell wird die Auswahl getroffen, das heißt eine der möglichen Verhaltensweisen wird bestimmt, bevor diese dann realiter umgesetzt wird. Bewusstsein ermöglicht damit vorausschauendes Denken.

Byte – ist vergleichbar mit einem Buchstaben und bezeichnet in der Informatik eine In-

formationseinheit. Ein Byte kann 256 verschiedene Symbole ausdrücken oder die Zahlen von 0 bis 255. Ein Byte besteht aus 8 **Bit**. Ein Bit ist die kleinste Informationseinheit, die nur zwei Zustände kennt, nämlich 0 und 1.

Effektor – nennt man ein Teilsystem, das es einem Agenten ermöglicht, seine Umgebung zu verändern. Bei Menschen kann man dazu die gesamte Motorik zählen: Körper, Arme, Beine, auch Sprechen.

Emergenz – beschreibt die Herausbildung von Strukturen im Großen aus Eigenschaften der kleinen Bestandteile eines Systems. Zum Beispiel ergibt sich die Form eines Kristalls aus Symmetrien der Moleküle, aus denen er besteht.

Evolution – bezeichnet die Gesetzmäßigkeiten der Entwicklung des Lebens auf der Erde. Maßgebliche Einflüsse werden dem Zufall und der Auslese zugeschrieben.

Hardware – abgekürzt **HW** – bezeichnet an einem Computer all das, was anfassbar ist, also die harte Substanz. Etwa Gehäuse, Lüfter, Prozessor, Speichermodule, DVD-Laufwerk gehören zur Hardware. Im Gegensatz dazu bezeichnet Software die weiche Ware – die Logik.

Hexadezimal – In der Informatik ist unser normales Dezimalsystem unpraktisch, da es nicht zu den hier üblichen Bits und Bytes passt. Statt der üblichen 10 Ziffern 0 – 9 kennt das hexadezimale System 16 Ziffern0 – 9, A, B, C, D, E, F . Jede Ziffer kann durch 4 Bit, also ein halbes Byte ausgedrückt werden. Hier steht dann etwa B für eine „Ziffer" 11 und E für die 14. Eine hexadezimale Zahl „EB" zum Beispiel steht dann für ein Byte und bezeichnet die dezimale Zahl 14 * 16 + 11 = 235 .

Intelligenz – ist die Fähigkeit, Aufgaben zu lösen, neue Situationen zu meistern. Intelligenz meint Problemlösungsverhalten, Kreativität. Intelligenz ist Voraussetzung für Bewusstsein, beschreibt Bewusstsein aber eher aus Sicht der messbaren Verhaltensweisen.

Künstliche Intelligenz – abge-

kürzt **KI** – ist der Teilbereich der Informatik, der sich mit der Simulation intelligenten Verhaltens in Computersystemen befasst.

Linguistik – ist die Wissenschaft von Sprache. Sie befasst sich unter anderem mit dem automatisierten Sprachverständnis, Sprachausgabe, Übersetzung.

Lorentz-Transformation – ist eine **Transformation** in der 4-dimensionalen Raumzeit, grob vergleichbar mit einer Drehung im 3-dimensionalen Raum.

Mainframe – Großrechner, die heute nur noch in einer von IBM entwickelten Bauart existieren.

Morphogenese – Die Gestaltbildung beschreibt die Entwicklung der Formen in der Evolution unter dem Einfluss von Umweltbedingungen.

Neuron – Damit ist eine Nervenzelle gemeint.

Quantenmechanik – abgekürzt **QM**- beschreibt die physikalischen Vorgänge auf kleinsten Maßstäben.

Realität – meint die Art, wie wir unsere Umgebung über

unsere Sinnesorgane wahr-
nehmen. In der Physik wird
diese Art der erlebten Realität durch die Relativitätstheorie beschrieben.

Robotik – ist die Wissenschaft
von automatisierten Systemen, die selbständig ohne
menschliche Steuerung Aufgaben erfüllen können.

Sensor – nennt man ein Teilsystem, das Signale aus der Umgebung aufnimmt und nutzbar
macht. Beim Menschen sind
das Riechen, Hören, Sehen,
Tasten, Schmecken.

Selbstbezug – bezeichnet die
Eigenschaft eines Systems, ein
Modell seiner selbst zu besitzen und seine Aktionen nicht
nur auf seine Umgebung, sondern auch auf sich selbst anwenden zu können. Selbstbezug gilt als unabdingbare Voraussetzung für Planung und
für Bewusstsein.

Schwarm – ist eine Menge von
Individuen, die gemeinsam
mehr oder weniger koordi-
niert handeln.

Schwarzes Brett – bezeichnet
in der KI das Gedächtnis für
einen Schwarm von Soft-
ware-Agenten.

Software – abgekürzt **SW** –
bezeichnet ein Dokument,
das Anweisungen an einen
Rechner enthält, die dieser
auszuführen hat. Ein solches
elektronisches Dokument bezeichnet man als **Pro-
gramm**. Software enthält die
Logik – in gewissem Sinne die
weichen, nicht anfassbaren
Teile eines Computers.

Symmetrie – ist die Eigenschaft eines Objekts, sein Erscheinungsbild bei einer bestimmten Transformation zu
behalten. Typische Transfor-
mationen sind Spiegelung und
Drehung. Eine Kugel bei-
spielsweise bleibt unter diesen beiden Abbildungen eine
Kugel. Als sehr allgemeine Eigenschaft wird der Begriff
hier oft als Synonym für irgendeine erkennbare Struktur gebraucht.

Torus – ist eine geometrische
Form vergleichbar mit einem
Schwimmreifen.

Transformation – meint hier
eine Umrechnungsvorschrift,
die etwa Punkte und Objekte
im Raum um eine Achse und
einen bestimmten Winkel
drehen oder an einer vorgegebenen Ebene spiegeln. Damit können auch komplexere

Vorschriften gemeint sein, die Raum-und Zeitkoordinaten gemeinsam einer Drehung unterziehen.

Überlagerungszustand – oder **Superposition** bezeichnet eine spezielle Eigenschaft in der Quantenmechanik, die bei den kleinsten Teilchen im Laborversuch nachweisbar ist. Solche quantenhaften Teilchen können mehrere sich eigentlich widersprechende Eigenschaften gleichzeitig haben. So kann ein Elektron etwa an mehreren Orten gleichzeitig sein, oder gleichzeitig sowohl links herum also auch rechts herum rotieren. Erst eine Messung beendet diese Überlagerung und führt zu einem eindeutigen Ergebnis.

Universum – meint die Gesamtheit aller Dinge.Meistens ist damit der Weltraum gemeint, aus physikalischer Sicht das Konstrukt der Raumzeit.

Zufall – unterliegt Experimenten, deren Ergebnis nicht vorhersagbar ist. Zufall kann durch Wahrscheinlichkeiten beschrieben werden, die oft als Prozentwerte angegeben sind. Der Prozentwert gibt für jedes mögliche Ergebnis an, in wie vielen Fällen bei wiederholter Ausführung genau dieses Ereignis im Durchschnitt auftritt.

Literaturverzeichnis

1: Genreith, Siegfried, Expertensysteme - Entscheidungsgrundlage für das Management, Gabler, Wiesbaden 1991

2: Turing, Alan, Computing Machinery and Intelligence, Mind October 1950

3: Hofstadter, Douglas R. , Gödel, Escher, Bach. Ein Endloses Geflochtenes Band, Klett Cotta Verlag, 1985

4: Sowa, John F., Conceptual Structures: Information Processing in Mind and Machine, Systems Programming Series Juli 1983

5: Penrose, Roger, The Emperor's New Mind, Oxford University Press, 1989

6: Gödel, Kurt, Über formal unentscheidbare Sätze der Principia Mathematica und verwandter Systeme, I. Monatshefte für Mathematik und Physik 1931

7: Penrose, Roger, shadows of the mind, Vintage Books, London 1994

8: Genreith, Siegfried, The Source of the Universe, Books on Demand, Norderstedt 2017

9: Schweizer, Frank; Zimmermann, Jörg, Communication and Self-Organization in Complex Systems: A Basic Approach, Advances inSpatial Sciences 2001

10: Sheldrake, Rupert, Der siebte Sinn der Tiere, Scherz Verlag, 1999

11: Couzin, ID; Krause, J; James, R; Ruxton, GD; Franks, NR, Collective memory and spatial sorting in animal groups, Journal of Theoretical Biology 2002

12: Platon; Timaios, Platon, Werke VII, Wissenschaftliche Buchgesellschaft, Darmstadt 1972

13: Popp, Fritz-Albert, Bewusstsein als Eigenschaft kohärenter Zustände, Grenzgebiete der Wissenschaft 2002

14: Hameroff, Stuart M.D., Overview: Could Life And Consciousness Be Related To The Fundamental Quantum Nature Of The Universe?, Dezember 2008, http://www.quantumconsciousness.org/overview.html

15: Penrose R., Hameroff S. et al, What gaps? Reply to Grush an Churchland., Journal of Consciousness Studies 1995

16: Hameroff, Stuart and Penrose, Roger, Conscious Events as Orchestrated Space-Time Selections, Journal of Consciousness Studies 1996

17: Hameroff, S.R., Quantum Choerence in Microtubules: a neural basis for emergent consciousness?, Journal of Consciousness Studies 1994

18: Cahill, Reginald Thomas, Process Physics: Self-Referential Information and ExperientialReality, October 2005

19: Schröder, Ulrich E., Gravitation, Verlag Harry Deutsch, Gräfstraße 47, D60486 Frankfurt am Main 2006

20: Heisenberg, Werner, Der Teil und das Ganze - Gespräche im Umkreis der Atomphysik, dtv-Verlag, München 1976

21: Greene, Brian, The Fabric of the Cosmos, , 2004

22: Joos, E. / Zeh, H.D. / Kiefer, C. / Giulini, D. / Kupsch, J. / Stamatescu, I.-O., Decoherence and the Appearance of a Classical World in Quantum Theory, Springer, Berlin Heidelberg New York 2003

23: Penrose, Roger, The Road to Reality, Vintage Random House, London 2005

24: Fredkin, E., Five big questions with pretty simple answers, IBM J. Res. & Dev. January 2004

25: Fredkin, E., An Introduction to Digital Philosophy, Int. J. Theor. Phys. 2003

26: Fredkin, E., Finite Nature, Proceedings of the XXVIIth Rencontre de Moriond 1992

27: Caticha, Ariel, Towards a Statistical Geometrodynamics, arXiv 16 Jan 2003

28: Ernst Peter Fischer, Erwin Schrödinger – Was ist Leben?, Piper Verlag GmbH, München 1987

Stichwortverzeichnis

Bewusstsein, Zeit und Symmetrien sind Faktoren, die intelligentes Handeln prägen. All diese Phänomene zählen zu den größten ungelösten Fragen von Philosophie und Naturwissenschaft überhaupt. Keine der heutigen Wissenschaften wird alleine für sich in der Lage sein, ein umfassendes Modell zur Erklärung zu entwickeln. Ich nehme Sie mit auf eine interdisziplinäre Reise, erkläre Fakten, den heutigen Stand der Erkenntnis zu intelligentem Handeln und Bewusstsein, weise auf offene Fragen hin, und führe Sie an ein Modell für bewusstes Handeln heran, das eine verblüffende Lösung bietet für ein fundamentales Rätsel der Physik.

"... Wenn wir unser wahres Ziel nicht für immer aufgeben wollen, dann dürfte es nur den einen Ausweg aus dem Dilemma geben: dass einige von uns sich an die Zusammenschau von Tatsachen und Theorien wagen, auch wenn ihr Wissen teilweise aus zweiter Hand stammt und unvollständig ist - und sie Gefahr laufen, sich lächerlich zu machen.

Soviel zu meiner Entschuldigung.

Dublin, 1944   Erwin Schrödinger"